# キーワードでわかる
# 英語科教育学

## 第二言語習得論から
## 英語教授法まで

渡部祥子

リーベル出版
Tokyo, Japan

# はじめに

英語の授業はコミュニケーション重視が進んでいるが、教師や生徒そして社会が期待するレベルまで、話す力が身についているとするのは、まだ、時期尚早かもしれない。

学習指導要領改訂案によると、2020 年度から、現在小学校高学年で行われている「外国語活動」は、小学校 3、4 年に前倒しされ、5、6 年は教科「外国語」とする方針が発表されている。これにともない中学や高校でも、英語の運用能力を高める方針が加速化される見通しである。

これに先行し、高等学校学習指導要領(平成 21 年改訂)では、「授業は英語で行うことを基本とする」という内容が発表され、「授業を英語で効果的に行う」方法やオールイングリッシュの研究授業が話題となっている。

教師が英語を使う時間が増えることにより、生徒が理解可能なインプットも増える。生徒は英語に“浸る”時間が増え、それとともに飛躍的に話せるようになるという期待は果たして持てるのであろうか。むしろ、どの部分をどの程度まで「英語で行うのか」と、ストレスを感じる教師が多いのではないか。さらに、英語特有の表現や複雑な文法規則のほとんどの部分が英語で説明された場合、授業についていけない、学習が遅れがちな生徒が増える可能性も少なくない。

本書は、英語科の授業に日々取り組んでいる先生方や、英語科教育法を勉強している大学生、第二言語習得論や外国語教授法を専攻している大学院生など、英語教育に興味を持っている方々を対象に、基礎となる英語科教育のキーワードやキータームを紹介するものである。第二言語習得の理論から英語教授法の指導技術にいたるまで、核となる理論や仮説とその成り立ち、さらに日本の英語科教育への影響を簡潔に紹介することを目的としている。様々な問題を解決する糸口として読者の方々に活用していただけたらと願っている。特に、次の2つの課題に関連する、第二言語習得研究や教授理論に焦点を当てている。

課題（1） 自動的に話すことができる力をどのように授業で習得させるか。

課題（2） 「英語で行う授業」のための効果的な指導法とはなにか。

本書の特色は、基本的なキーワードやキータームを精選し、各セクションの冒頭のリストの中で提示していることや、文中で適宜、キーワードを太字で示した点である。これにより、「キーワード事典」のような使われ方も視野に入れている。本書を読む際には、まず、リストや太字の部分のみ、ざっと目を通し、全体を把握する読み方をおすすめする。また、本文を熟読する場合は、前後の情報の中で、キーワードの意味や定義の情報を確認できる。

著名な研究者の引用については、できるだけわかりやすい文体で書かれた箇所を原典から引用することを試みている。文中の表記で、（Krashen 1983: 18, 26-7）は、1983年Krashen著p.18及びpp.26-27をさす。読者が原著へ読み進むきっかけとなったら幸いである。また、訳書が出版されている場合は、参考文献にその情報を記載した。

本書により、英語科教育のキーワードを把握し、そこから得られる知見をもとに、先生方の授業の課題解決や今後の英語科教育の研究に役立てていただければ、幸いである。

2018年3月

渡部 祥子

# 目　次

# 第 1 章　第二言語習得論

人が生まれてから最初に習得する言語は**母語または第一言語（L1）**と呼ばれ、2 番目に習得する言語を**第二言語（L2）**と呼んでいる。

・L1: first language / mother tongue / native language

・L2: second language

英語をL2として学ぶことを、ESL（English as a second language）と呼び、日本の中学・高校のように外国語として学ぶ場合は、通常、EFL（English as a foreign language）と呼ばれている。しかし、インターネットが発達した今日、英語圏に居住していない場合も英語を使用する機会が増えており、外国語と第二言語の区別があいまいになってきている。そこで、本書では、第二言語を外国語を含む用語として取り扱っている。特別の場合をのぞいて、外国語を含む意味として第二言語（L2）という用語を用いる。

さて、第二言語習得とその研究をするということはどういうことか。定義について、R. Ellis（1997）は下記のように述べている。

> 'L2 acquisition,' then, can be defined as the way in which people learn a language other than their mother tongue, inside or outside of a classroom, and 'Second Language Acquisition' (SLA) as the study of this. (Ellis 1997: 3)

本書では、**第二言語習得(second language acquisition)**を **SLA** または L2 acquisition、第二言語習得研究を「SLA 研究」と呼ぶ。本書において SLA 研究は、「人がどのように L2 を学び、習得するかに関する研究と仮説」を指す。

Dulay & Burt (1973)の L2 としての**形態素の習得順序の研究(morpheme studies)**が導火線となり、SLA 研究は 1970 年代にその地位を確立した(cf. Ellis 1985: 57, 1994: 90-6)。SLA 研究に触発され生まれた外国語教授法は、日本の学校現場に示唆を与えるものが多い。クラッシェンのインプット理論、インターフェイス仮説、アウトプット仮説、インタラクション仮説など各種の仮説が発表され、日本の英語教育へ大きな影響を与えている。

本書は、SLA 研究のうち、特に外国語教育に関する SLA 仮説や教室 SLA 研究の分野に焦点を当てる。

# 1.1　第一言語習得観

母語(mother tongue/L1)の習得の過程に関する仮説や研究は、第二言語(L2)の習得のメカニズムを解く鍵としてSLA研究に影響を与えている。SLAや外国語教授法に影響を与えている、代表的なL1の言語習得観をあげたい。

## ●行動主義的言語習得観

**Behaviorist position**
**(行動主義的言語習得観)**
behavior (行動)
stimulus (刺激)と response (反応)
reinforcement (強化)

20世紀初め、アメリカの心理学者Watsonは、意識を研究対象とするのではなく、行動(behavior)を観察し実験を行う、**行動主義(behaviorism)**を提唱した。特に、刺激と反応の関係(S-R; stimulus-response)に注目した。

**Skinner** (1957) も行動主義の立場にたち、著書*Verbal Behavior*では反応(response)や反応の結果生じる**強化(reinforcement)**等に基づき、言語習得の説明を試みた。

> Any operant, verbal or otherwise, acquires strength and continues to be maintained strength when responses are frequently followed by the event called "reinforcement." (1957: 29)

外部からの刺激により条件づけが起こり、行動や学習が行われる。外界からの刺激あると人間は行動を取る。つまり、**刺激(stimulus)**があると**反応(response)**する。さらに、**強化(reinforcement)**をもたらす出来事に出会うと、学習したことが習得される。同様に、言語習得の過程も、言葉や会話などの刺激(stimulus)に対する反応(response)が習慣化したものとしてとらえている。さらに、ほめられたりすると学習が強化(reinforcement)され、その言語表現などを習得するという見解である(Richards & Rodgers 2014: 64)。

## ●生得的言語習得観

**Innatist position (生得的言語習得観)**
Chomsky
innativist / nativist / mentalist position
LAD: Language Acquisition Device
Universal Grammar / UG (普遍文法)

子どもは聞いたことがない文をしゃべることがよく目撃される。このことは、行動主義的言語習得観では説明できないと生得主義者は論じる。なぜなら、行動主義では、聞いたり経験したりしていない言葉は発することはできないという考えに立っているからである。しかし、実際は、子どもは自分で言葉を自由に生み出すことが多い。

このように、1960 年代になり、行動主義的言語習得感への疑問が生まれ、人は生まれた時に、すでに言語の不変的特性を備えている、言語を習得する能力をもっているとする生得説が **Chomsky** を中心に提案された。

生得的言語習得観では、人間は生まれながらにして、言語を生み出す装置のようなものが頭の中にあるので、一度も聞いたことがない言葉も発することができると考える。この、人に生得的に備わっていると推定される、言語を習得する装置を **Language Acquisition Device (LAD)** と呼び、人は生まれながらにして言語を習得する能力が備わっており、習慣形成によるものではないと主張した(cf. Ellis 1985: 12-5)。この言語習得装置(LAD)は人間の言語に共通する文法であり、普遍の文法(Universal Grammar)とみなされている。

生得的言語習得観に準拠し、L2 学習者に言葉の規則を発見させるような学習が推奨された。外国語教育において、生得的言語習得観は、学習者自身に規則を発見させる学習や、模倣による機械的な練習ではなく意味を重視する学習などに影響を与えている。

## ●相互交流的言語習得観

**Interactionist position**
**(相互交流的言語習得観)**
interaction (インタラクション)
caretaker (養育者)

子どもはただ言葉を聞いているだけでは、会話ができるようにはならない。親や世話をする人、**caretaker (養育者)** や周りの人と交流し、会話を交わし、**インタラクション (interaction)** をとって初めて、言葉を獲得していくという立場をとっている。行動主義的、生得的言語習得観だけでは、子どもの言語習得は説明できないとし、発達面での習得の過程を重視している。

Lightbown & Spada (2013: 24) は、この相互交流・発達論的言語習得観(Interactionist/developmental perspectives)に言及し、事例として、両親は耳が聞こえ

ないという環境で、他の人と交流する機会もなかったジミーがL1の習得に遅れが見られた例をあげ、社会的な交流の必要性を指摘している。

事例に登場するジミーは耳は普通に聞こえる健聴であったが、手話言語を使わなかった両親とは会話ができず、意志を伝え合うことが難しかった。両親が仕事に出ていて留守の日中はテレビを見て一人で過ごした。3歳9ヶ月の時点では言葉を正確に習得することはできなかった。しかし、4歳2ヶ月頃から弟と会話を始めたため、年齢相応の言語表現を使用できるようになった。同じ環境でも弟は兄のジムと会話ができたので、問題なく言語を習得できたという（Saches etc. 1981 in Lightbown & Spada 2013: 27）。

Lightbown & Spada（2013）は、言語習得に関する特別な脳の構造があると仮定する必要はなく、言語習得は子どもが経験から学ぶ能力の一つの例であると指摘し、人とのインタラクションによって習得できると仮定している。

> They hypothesize that what children need to know is essentially available in the language they are exposed to as they hear it used in thousands of hours of interactions with the people and objects around them.
>
> （Lightbown & Spada 2013: 24）

人は言葉を通して対話の方法を学び、互いに交流する過程の中で言語が習得される。子供の母語の習得は、周囲の人達との交流によって促進される。

第二言語の学習では、目標言語を話すネイティブスピーカーと学習者との教室外の自然なインタラションが重要な要素となる。会話の内容が理解できない部分は、会話のやりとりによって修正が加えられ、理解されていく。このような交流が外国語能力を伸ばすという考え方である。

## 1.2　第二言語習得モデル

H. D. Brown (2000)は、第二言語習得(SLA)に対して3つのモデル(innatist, cognitive, and constructivist)を示し、それぞれSLA理論に関するキータームをあげている。

◆ **Theories and models of SLA**

| **Innatist**<br>(生得的) | **Cognitive**<br>(認知的) | **Constructivist**<br>(構成主義的) |
|---|---|---|
| [Krashen] | [McLaughlin/Bialystok] | [Long] |
| ● subconscious acquisition superior to "learning" and "monitoring" | ● controlled/automatic processing (McL) | ● interaction hypothesis |
| | ● focal/peripheral (McL) | ● intake through social interaction |
| ● comprehensible input (*i+1*) | ● restructuring (McL) | ● output hypothesis (Swain) |
| ● low affective filter | ● implicit vs. explicit (B) | |
| ● natural order of acquisition | ● unanalyzed vs. analyzed knowledge (B) | ● HIGs (Seliger)<br>● authenticity |
| ● "zero" option for grammar instruction | ● form-focused instruction | ● task-based instruction |

(Brown 2000: 288, 2007: 306　日本語は著者)

本書は、上記のBrown (2007)の3つのモデルに対応するSLAの仮説を順次、検討していく。

## 1.3　生得的モデル(Innatist Model)—The Input Hypothesis

**The Input Hypothesis (インプット仮説)**

S. Krashen

Comprehensible input / *i* + 1

Accuracy vs. Fluency

Acquisition vs. Learning

Affective Filter

Monitor

> Language is best taught when it is being used to transmit messages, not when it is explicitly taught for conscious learning.
>
> (Krashen 1981: 55)

1980 年代、**クラッシェン(Krashen)**は、学校等での意識的な学習では言語は習得できないと主張し、一躍注目を浴びた。子どもの言語習得の研究から、学習者の現在のレベルより少し上の言語項目を含むインプット、すなわち***'i + 1'* のインプット(input)**を与え続ければ、習得が効果的に進むというインプット理論を提唱した。

> Children progress by *understanding* language that is a little beyond them. That is, if a child is at a stage *i*, that child can progress to stage *i* + 1 along the natural sequence [.] (Krashen 1981: 126)

Krashen が提唱した第二言語習得のモデルは、**モニター・モデル(The Monitor Model)**とも呼ばれ、5 つの仮説によって構成されている。このモデルは、*i* + 1、理解可能なインプット(Comprehensible input)という用語や、Acquisition と Learning という区別化とその主張に独自性が有り、広く語学教師の共感を呼んだ。

しかし、*i* + 1 の定義が明確に示されていないことや、理論が実証されていないことから、1980 年代後半より、批判されることが多くなった。

## ● Comprehensible Input (理解可能なインプット)

Krashen は、生得的言語習得観(Innatist position)の立場をとり、人は生まれながら持っている言語習得装置(LAD)があり、潜在的な知識によって話したり、書いたりすることができると考えた。したがって、教室で意識的に学ぶのではなく、理解可能なインプット(教材や情報)によって自然に言語能力が身につくことになると提唱した。

(Krashen 1981: 55, Ellis 1994: 273-80)

## ● Krashen の 5 つの仮説

・**The Acquisition-Learning Hypothesis**

ことばを学ぶ過程には、言語が使われている状況の中で自然に身に付く**習得**(acquisition)と、明示的知識を得る**学習**(learning)の 2 種類がある。習得(acquisition)の場合は、言語能力を無意識的に発達させるが、一方、**学習**(learning)は意識的に学ぶ。

・**The Natural Order Hypothesis**

文法形態素の習得順序に関する研究を理論的背景とし、言葉の規則の習得には**自然な習得順序**(natural

order）があり、予測が可能であると主張している。

・The Monitor Hypothesis

意識的な学習（learning）によって獲得された知識は、第二言語を話すときに自分の発話が文法的に正しい表現かどうかを監視し、修正を加え言い換えたりする**モニター（monitor）**の役割としてしか作用しない。実際の会話などで使用されるのは、学習して得た知識ではなく、自然な会話の中で無意識的に習得（acquisition）した能力である。

・The Input Hypothesis

現在の習得レベル（i）より、少し超えたレベル（*i* + 1）の**理解できる言語資料（comprehensible input）**が与えられると、次のレベルに進み、習得が効果的に行われる。

・The Affective Filter Hypothesis

緊張感が高く、ストレスの多い学習環境では不安の感情、言い換えるならば、**感情フィルター（affective filter）**が高まり、学習教材や言語資料の input が理解できなくなる可能性がある。精神的に落ち着いてリラックスして学習できるように、フィルターを低くする工夫をすれば、萎縮から解放され、心理的不安感が減り、積極的に学習に参加できるようになり、習得が進む。（Krashen 1983: 18, 26-7）

## ● Accuracy（正確さ）vs. Fluency（流暢さ）

Krashen によれば、教師が正確さにこだわると、生徒は気恥ずかしいなどの気持ちから発言を避けるようになる。いちいち細く誤りを指摘されると、affective filter が高まり、学習者は緊張して話さなくなる。最初の段階は、意味が伝わることを重視し、間違っても良いから、発言させ、誤りを毎回は指摘しないほうが、萎縮しないで話すことができ、fluencyの伸長に役立つと主張した。

白井(2008)は、これに対し、意味重視の姿勢を支持しつつも、間違った表現の定着を危惧し、「正しい文を言うようになるべく努力する」や「なるべく正しい発音をする」ことをあげ、AccuracyとFluencyの調和をとることを推奨している(2008: 169)。

## ● Acquisition(習得) vs. Learning(学習)

文法 をmonitorの役割としてのみ尊重する傾向があり、conscious learningとほぼ同意で用いている(Krashen 1987: 89)。意識的な学習(conscious learning)によって得た言語知識は、習得された知識に変わることはないと主張した。このような理論は**ノン・インターフェイス仮説(The Non-interface Hypothesis)**と呼ばれ、変化するという立場をとる**インターフェイス仮説(The Non-interface Hypothesis)**とは区別されている。

| Acquisition | Learning |
|---|---|
| similar to L1 acquisition | formal knowledge of language |
| "picking up" | "knowing about" |
| subconscious | conscious |
| implicit knowledge | explicit knowledge |
| formal teaching does not help | formal teaching helps |

[*The Acquisition-Learning Distinction* (1983: 27)を簡略化]

## 1.4　認知的モデル(Cognitive Models)

第二言語習得の過程を示すモデルとして、Gass (1997) が提案したモデルがしばしば引用される(1997: 3, 2017: 3)。下記の L2 習得プロセスのモデルは、Ellis (1994) が Gass のモデルを基盤とし言語習得の流れを表した図を簡略化したものである。

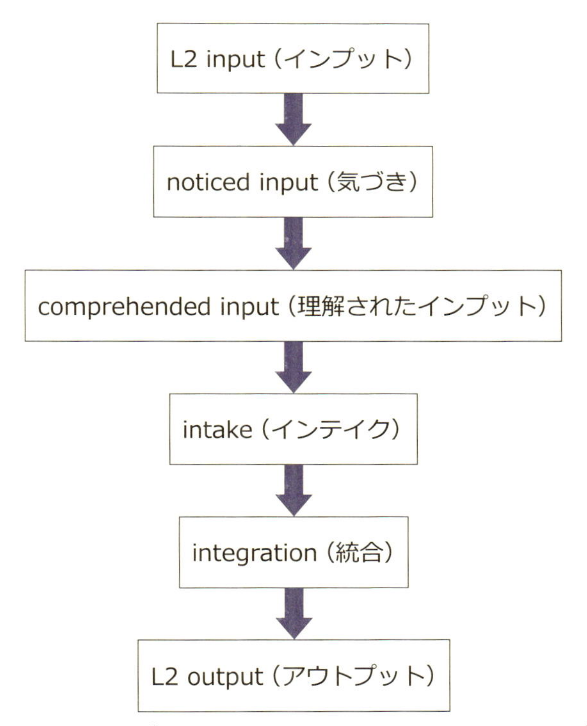


(Ellis, Figure 9.1: 1994: 349 をもとに作成)

注目すべきは、「気づき」から「インプット」、「インテイク」へ、そして中間言語体系の「統合」への流れである。未知の表現に**気づき(noticing)**、自分の**中間言語(interlanguage)**へ取り入れ、自動的に使用できるようになるまで、どのような要因が働くのか。

## ● Implicit & Explicit Model

**Bialystok** (1978: 71) は、Explicit と Implicit 言語知識 SLA の中心にすえ、インプットからアウトプットへ、そして自動化へのプロセスの説明を試みている。

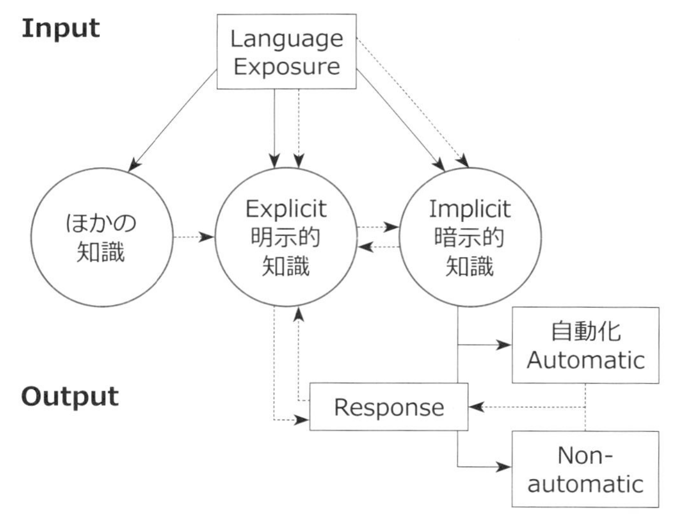


[Brown (2007: 303) adapted from Bialystok を簡略化]

## ● Explicit-Implicit Dimension

前ページの図より、Bialystok (1978) は、**Explicit (明示的) 言語知識**と **Implicit (暗示的) 言語知識**の処理プロセスが L2 学習の中核を成すと考えていることがわかる。

Stern (1992) も、外国語学習の重要課題は、明示的 (explicit) 指導と暗示的 (implicit) 指導の扱いにあると考え、前者は「意識的に学習する」、後者は考えるのではなく「本能的 (intuitively) に習得する」ことをさすと説明している。

下記は、Stern (1983, 1992) の The explicit-implicit dimension を簡略化したものである。

**◆ The explicit-implicit dimension**

| Explicit ← | → Implicit |
|---|---|
| Cognitive | Non-cognitive |
| 'learning' | 'acquisition' |
| Rational | Intuitive |
| Conscious | Automatic |
| Consciousness-raising | Automatization |
| Monitoring | |
| Deliberate | Incidental |
| Problem-solving | Analogy |
| Cognitivism | Behaviourism |
| Metalinguistic | |
| Abstract | Practical |
| Inferencing | Mimicry and memory |
| Systematic study | Exposure to language in use |

[Figure 22.5 (1983: 506) と Figure 12.1 (1992: 327) を改編]

## ● Automaticity（自動化）

**McLaughlin**（1987）は、information processing（情報処理）には２つの種類、**automatic processing**（自動的プロセス）と**controlled processing**（統制的プロセス）があると仮定し、下記のように述べている。

> *Automatic processing* involves the activation of certain nodes in memory every time the appropriate inputs are present. This activation is a learned response that has been built up through the consistent mapping of the same input to the same pattern of activation over many trials. Since an automatic process utilizes a relatively permanent set of associative connections in long-term storage, most automatic processes require an appreciable amount of training to develop fully.（McLaughlin 1987: 134）

情報処理論では、人の記憶は情報の**node（結び目）**の集合であると仮定する。適切なインプットを受けるなど、特定の刺激によりnodeは活性化されるが、活性化が繰り返され、経験につながり、学習され、習得が起こる。automatic processingは、特定の刺激が特定の活性化を自動的に起こす過程をさし、意識せずに情報処理が行われる。

一方、nodeの活性化が一時的で、習得されていない場合は、活性化には意識的な制御が必要となる。この意識的に注意を払う過程をcontrolled processingと呼んでいる。

> The second mode of information processing, *controlled processing*, is not a learned response,

but a temporary activation of nodes in a sequence controlled processing. This activation is under attentional control of the subject and, since attention is required, only one such sequence can normally be controlled at a time without interference. (McLaughlin 1987: 135)

McLaughlin はこれらの２種類の情報処理プロセスから、**自動化(automaticity)**の考え方を導いている。この仮説では、学習した知識が意識的な努力をせずに自動的に使用できる(automatic)能力と、瞬時に使用できない非自動的(non-automatic)能力を、処理する時間(time)により区別している。自動化の能力には、注意を払うことなくインプットを自動的に処理できる能力と、学習した言語知識をすぐに使用できる能力も含まれる。McLaughlin の自動化の概念を、Brown (2000)は下記のように要約している。

Automaticity refers to the learner's relative access to the knowledge. Knowledge that can be retrieved easily is automatic. Knowledge that takes time and effort to retrieve is non-automatic. (Brown 2000: 286)

授業で習った文法やコミュニケーション規則が、必ずしも教室の外の自然な英語使用の場で活用できているとは言えない。無意識に言葉が出てこない場合は中断され、ふつう会話は続かない。習った知識が自動的に会話に現れるようになるには、どのような学習情報の処理が有効か。自動化の研究はこの課題に大きな示唆を与えてくれる。

# 1.5 社会構成主義的モデル (Social Constructivist Models)

## 1.5.1 インタラクション仮説 (The Interaction Hypothesis)

1980年代初期、**M. Long** 他によって提唱された、会話の中のインタラクションの役割を重視する仮説である。人が会話を行うなどの**相互交流(interaction)**の場では、ことばのやりとりが進むうちに、意味をすり合わせるなどの**意味交渉(negotiation of meaning)**が行われる。この間に起こる**インタラクションの修正(interactional modification)**が学習者に、理解可能なインプット(comprehensible input)を与え、それにより習得(acquisition)が起こるとする仮説である(Hummel 2014: 78, Ellis & Shintani 2014: 339)。いいかえるならば、インタラクションを行えば、習得に必要な comprehensible input を多く得ることになる。

Chaueron (1988)は、**修正されたインタラクション(modified interaction)**に注目し、Long の見解を次のようにまとめている。

> [C]omprehensible input leads to acquisition with the additional notion that native speakers' speech to nonnatives is most effective for acquisition when it contains "modified interaction." (1988: 9)

## ● Long (1996)の後期インタラクション仮説

1990年代にLongは、会話などでインタラクションをとっている間におこる**訂正フィードバック(corrective feedback)**により、修正されたインタラクション(modified interaction)が習得(acquisition)に大いに貢献することを強調するようになった(Hummel 2014: 78)。

**意味交渉(negotiation of meaning)**のあと、修正されたインプットから、学習は言語形式に注意を向ける機会ができる。特に、ネイティブ・スピーカーや上級レベルの話し手とインタラクションをとると、調整(adjustments)が引き起こされ、調整されたインプットは学習者に理解できるものとなる。

> The Interaction Hypothesis holds that important brief opportunities for attention to linguistic code features, and for *explicit learning* (cf. explicit teaching) to improve implicit input processing, occur during negotiation for *meaning*. (Long 2015: 53)

LongはInteractionにおける**negative feedback (否定フィードバク)**が学習者の発話の誤りに注意を向けさせ、習得につながると指摘している(Long 2015: 54)。さらに、インタラクション(interaction)はアウトプット(output)を促進し、そして、目標言語の形式と意味との関連に意識的に気づく、「**気づき(noticing)**」をうながすと述べている。(Long 2015: 53)。

## 1.5.2 アウトプット仮説 (The Output Hypothesis)

> **The Output Hypothesis**
> Swain
> Immersion
> output

**Swain** (2005)は、カナダのフランス語の**イマージョン(Immersion)**の結果を考察し、Krashenが提案する理解可能なインプット(comprehensible input)を与えるだけでは不十分であると主張している(2005: 472)。カナダのイマージョン・プログラムでフランス語に浸り、インプットを豊富に浴びたものの、L2の習得において母語話者と差が出ている分野がある点などを指摘した。

> [T]he speaking and writing abilities of French immersion students were, in many ways, different from those of their francophone peers. (2005: 472)

Krashenは、意識的に学習された言語知識は「習得」できないとしているが、Swainは意識的な学習で得た知識でも、その知識を含む練習(practice)などのアウトプットを行えば自動化され、意識せずに自然なコミュニケーションができると主張する。1995年の論文でSwainは、第二言語学習における**アウトプット(output)**の役割について、次のように述べている。

One function of producing the target language, in the sense of "practicing," is that it enhances fluency. (Swain 2005: 474)

さらに、アウトプット(output)の働きについて、下記の３つ機能(function)をあげている(2005: 474-80)。

(1) *The Noticing/Triggering Function*.

自分の中間言語との違いに気づかせる。

[L]earners may notice that they do not know how to say (or write) precisely the meaning they wish to convey. (Swain 2005: 474)

(2) *The Hypothesis testing Function*.

仮説検証(hypothesis testing)をうながす。アウトプットを行うと、相手の反応などによって間違いに気づくことがある。学習者はその時点の自分の第二言語の言語規則を検証し、間違いを修正する。

[O]ut put may sometimes be, from the learner's perspective, a "trial run" reflecting their hypothesis of how to say (or write) their input. (Swain 2005: 476)

(3) *The Metalinguistic (Reflective) Function*.

メタ言語的、内省的働きをし、課題を解決し習得を助ける働きをする。アウトプットの中の間違いの構造などをことばで説明し、内省することによって、間違いが生かされ次の段階に進む。

> [U]sing language to reflect on language produced by others or the self, mediates second language learning. This idea originates with Vygotsky's sociocultural theory of mind. Sociocultural theory is about people operating with mediating tools.（Swain 2005: 478）

以上のようなアウトプット(output)の働きから鑑み、目標言語で話したり書いたりするなど、アウトプットを引き出す練習の重要性が指摘できる。

# 第2章　英語教授法
## —アプローチとメソッド

**The History of Approaches and Methods**

| | |
|---|---|
| 1840s～1940s～ | Grammar Translation Method |
| 1860s～ | Direct Method |
| 1920s～ | Oral Method［主として日本］ |
| 1950s～ | Audiolingual Method［USA］ |
| 1970s～ | Communicative Language Teaching (CLT)［主としてUK］ |
| 1980s～ | Task-Based Language Teaching (TBLT) |
| | Content-Based Instruction (CBI) |
| 1990s～ | Content and Language Integrated Learning (CLILE) |

［Richards & Rodgers (2014) 他を基に作成］

上記は、英語教授法の歴史を時系列的にまとめたものである。**Grammar Translation Method** は、母語を用いて文法を解説し訳読を行う。文法訳読法として日本でも明治時代から今日に至るまで、いくつかの批判は受けたものの、根強く学校教育を支えている。文法訳読法に反旗を翻した **Direct Method** では母語の使用を禁じ、目標言語のみで直接的に指導する。現代でも英会話学校で使用されている**ベルリッツ・メソッド(Berlitz Method)**は、Direct Method の一派とみなされる(Richards & Rodgers 2014: 12, Howartt & Widdowson 2004: 223)。

## ●アプローチとメソッド

Richards & Rodgers (2014: 36) は、メソッド (method) を包括的な用語と定義し、傘下にアプローチ (approach) を置き、論を進めている。しかし、よく引用される **Anthony** (1963) の定義では、approach の下に method が置かれている。

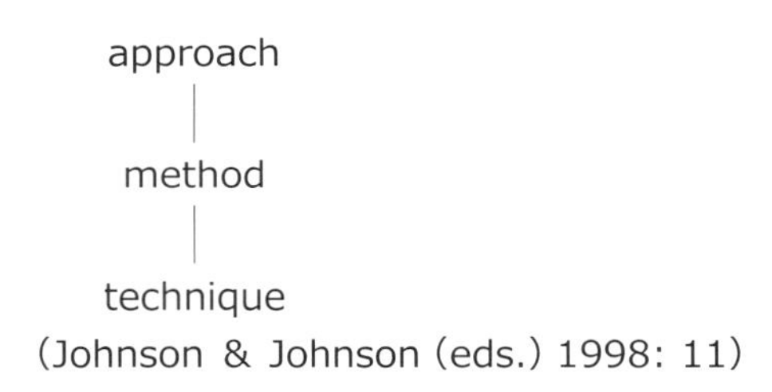

(Johnson & Johnson (eds.) 1998: 11)

Anthony (1963) は、approach と method の定義を次のように述べている。

| approach | a set of correlative assumptions dealing with the nature of language teaching and learning |
|---|---|
| method | An overall plan for the orderly presentation of language material, …the selected approach |

(In Richards & Rodgers 2014: 21)

本書は、アプローチとメソッドの定義を Anthony (1963) に準拠し、**approach** を「言語指導と学習に関する理論」、**method** を「言語学習教材の提示順序に関する包括的プラン」と定義し、論を進める。

## 2.1 Oral Method

**Oral Method**
Harold E. Palmer (1922)
*The First Six Weeks of English*
Oral Introduction
Oral Interaction

> The Oral Method will re-awaken and re-educate those spontaneous capacities for language study which are inherent in the human race (1922: 11) .

Richards and Rodgersは、PalmerのメソッドをOral Approachとよび、主に日本で開発された指導法と位置づけている(2014: 45)。しかし、日本ではOral Approachと言えばAudiolingual Methodをさし、Palmerのメソッドは一般的にOral Methodと呼ばれている。

**Harold E. Palmer**はベルギーなどで語学教師として勤務後、ロンドン大学University collegeで講師を勤めた。1922年、当時の文部省の招聘で来日し、第１回語学教育研究所(語研)所長となった。言葉を伝達の道具(**speech**)として教え、英語でoral workを行い、読み書きにつなげていくという指導法を提案している(伊藤、1978: 25)。特に、教師が自分で噛み砕いたやさしい英語で語りかけるOral Introductionは、日本では現在も語学教育研究所を中心に授業研究が行われている。

## ●入門期の指導

Oral Method の中で注目すべき指導の一つとして、入門期の指導法が挙げられる。Palmer は人には生まれつき言語を自然に習得する能力(spontaneous capacities)が備わっていると想定する(1921: 13, 1922: 11)。Oral Method はこの能力を目覚めさせ(re-awaken)、活性化させると提唱している。さらに、子どもが言葉を修得していく過程を観察し、5つの習性が新しい言語の獲得に必要であると述べている。

5つの習性とは、①音声の強弱・高低を注意して聴くこと(Auditory Observation)、②聞いた音をまねること(Oral Imitation)、③口慣らしをすること(Catenizing)、④音声情報と意味を融合すること(Semanticizing)、⑤類推し文を生み出していくこと(Composition by Analogy)である(語学教育研究所、1955: 107-142)。外国語の習得にも、この5つの習性が必須であると考え、習性が身につくような、各種の入門期の口頭練習を提案している。

***The First Six Weeks of English*** によると、入門期の最初の30時間は音声のみで、文字の指導は行わず、聴くことに集中させる。教師は自問自答したり、口頭で教材文を提示したりする。文字を教えるのは31時間目からとなる(語学教育研所、1955: 261-389)。

## ● Oral Introduction

言語を**体系(code)**と**運用(speech)**の2面からなると考える。文法訳読教授法が言語構造の教授を中心としたのに対し、運用としての言語を強調した。

Palmer は帰国するまでの14年間、各地の学校で講演を行い、日本人学習者のために開発したOral Methodを広め、東京高等師範学校附属中学校(現在の筑波大学附属中学・高校)では実践授業を行った(伊村 1997: 259)。

Oral Methodでは、テキストのストーリーを口頭で導入するなど、口頭作業で進められ、授業の大部分が英語で行われたことから、会話の教授法と誤解した者もいた。しかし、伊藤(1978: 25)は、パーマー自身が会話の教授法ではないと述べていた点を強調し、Oral Introductionは、読解に入る前に、教師が英語でストーリーの概略を平易な英語で語りかけ、読解につなげるための方法であると指摘している。本文に入る前の、pre-reading活動といえる。

Oral Introductionは、教師中心でTest Questionsまで、生徒は聞いているだけという問題点が指摘されたことから、生徒への質問を挟みながら導入する**Oral Interaction**という手法が提案されている。すなわち、教師が語りかける中、興味のある事柄や、聞き取りの内容に関する質問を挟み、生徒とインタラクションを取りながら、本文の口頭導入を行うものである。

## ◆ Oral Introductionの長さ

Oral Introductionで教師が一人で長く語りかける教師主導の指導方法であったため、集中できない生徒はうわの空になったり、長い分量の内容を把握し、Test Questionに的確に答えるのは困難な場合があった。井ノ森(2012)は、英語で授業を行うために、Oral Introductionの採用を薦めているが、留意すべき点は「長くならない」(井ノ森 p. 27)こととし、教師の語りが長時間に及ぶと、集中力が途切れる懸念を示唆している。

教師には高度の英語会話能力が求められ、流暢な英語で口等導入することに自信のない教師は、Oral Introduction の採用を行わないことも多かった。長さを 5 分程度にすれば、教師もあまり苦手意識を持つことはないであろう。

### ◆ Oral Introduction の改善点

Oral Introduction では、教師が教科書の本文の内容を英語で紹介し、新出単語を導入し、読解へとつなげてゆく。テキストのあらすじを教師がわかりやすい英語で語り、それに続く英問英答(Test Question)を行う。一連の作業は教師と生徒の英語のやり取りで行われるため、「英語で英語の授業を行う」ことが課題となっている現在、再度注目すべき教授法といえる。

改善策としては、英問英答に **Inferential Question(推論発問)**を 1、2 問を取り入れることを提案したい。推論発問とは、直接示された事実について質問する「事実発問」とは異なり、「テキスト上の情報をもとに、テキスト上には直接示されない内容を推測させる」質問をさす(田中、島田、紺渡 2011: 13)。推論発問を取り入れることにより、それまで「いつ、どこで、だれが」を中心に漠然と Oral Introduction を聞いていた生徒が、より深く内容を読み取ろうとする姿勢に変化できると思われる。

Oral Introduction の最後に行い、教師の語りかけた英語が理解できたかチェックする、Test Question は従来、Is he ～? や when、where、who などで始まる事実確認の質問を主としていた。そのため、生徒は全体の要旨を聞き取るというよりは、いつ、どこで、だれがなどの点のみ聞き取ろうとする傾向が見られた。そこで、与えられた情報から推測して回答することをうながす、推論発問(田中、島田、紺渡 2011 p. 13)も英問を 1 問を Test

Question の中に設定することを提案したい。

## ●現代的意義

H. Palmer（1921: 87）は、意識的学習と無意識的な習得に関して unconscious assimilation という表現を用い、下記のように述べている。

> Another very characteristic feature of the natural process is *unconscious assimilation*; what we therefore have to do is to train ourselves（or our students）*consciously* to learn *unconsciously*.

Palmer のこの考え方は、Krashen のインプット理論や Acquisition-Learning 仮説に影響を与えたものと推察する。このように、パーマーの理論やメソッドは、現在の指導方法を模索する上で、貴重な資料を提供すると考える。

平成 21 年発表の高等学校新学習指導要領で「授業は英語で行うことを基本とする」と提案され、その後、オールイングリッシュの授業案などが話題となっている。井ノ森（2012）や杉田（2016）は、「英語で授業を行う」ために、Oral Introduction の中学・高校の授業への活用を提案している。

このような状況下、いくつかの問題点はあるものの、英語の音声による口頭導入や口頭練習を提案している Oral Method の見直しと現代的活用が「英語で行う授業」の授業内容を充実させる鍵となるであろう。

## 2.2 Audiolingual Method

**Audiolingual Method**
Oral Approach
C. Fries
pattern practice（文型練習）
repetition（反復）
mechanical drills（機械的練習）

1950年代から1960年代まで外国語指導の主流であったAudiolingual Methodは、日本では**Fries**のOral Approachと呼ばれることが多い。この教授法の理論的背景には、アメリカ構造言語学（**structural linguistics**）と行動主義心理学（**behaviorist psychology**）の理論である。行動心理学の習慣形式理論が反映され、指導は**文型練習（pattern practice）**などの口頭による反復練習が中心である。

### ●理論的背景

第2次大戦後、大量の学生がアメリカ合衆国へ留学したことから新しい語学教授法の必要性が高まった。1939年に創立されたミシガン大学English Language Instituteは、外国語としての英語教育と教師の研修を専門に行う、米国初の研究所であった。読解や文法の指導が中心であった時代、所長のFries（1954）は次のように述べている。

> Accuracy of sound, of rhythm, of intonation, of structural forms, and of arrangement, within a limited range of expression, must come first and become automatic habit before the student is ready to devote his chief attention to expanding his vocabulary.（1954: 3）

外国語学習で最初に行うべきことは、言語構造や音声等の基本の習得は話すことから入る必要があるとし、話し言葉の習得を目指す口頭練習を重視した。言語の構造を完全に習得する最も効率的な方法として、Oral Approachを推奨し、文型（pattern）を何度も繰り返す練習をすすめている（Fries, 太田 訳 1957: 12）。口頭で練習を行うことにより、音声や構造の基本型を習慣化させ、最終的には自動的に発話できるようにすることをねらっている。

**習慣形成（Habit Formation）理論**で提案されている、言葉は刺激に反応し、繰り返されると強化され、習慣が形成されるという考え方の影響を受け、正確な言語の習慣形成を目指す練習 pattern practice などが考案された。

## ●指導内容

**mim-mem（mimicry-memorization）**と呼ばれる、モデルを聞いて、自然なスピードで模倣できるよう練習したり、暗記を行った。

**pattern Practice**では、口頭で反復練習が行われた。ドリルが課されたり、LL機器（language laboratory）などが使用された。

下記の表は、パーマーの Oral Method と比較したものである。

### ◆ Oral Method vs. Audiolingual Method

| | Oral Method | Audiolingual Method |
|---|---|---|
| 最盛期 | 1930～40 年代 | 1950～60 年代 |
| 指導者 | H. パーマー（英国） | C. フリーズ（合衆国） |
| 背　景 | 規範としての言語(code)ではなく、運用としての言語(speech)に焦点をあてた。 | ・構造言語学の影響<br>・音声重視<br>・習慣形成 |
| Oral Intro-Duction | 英語で読解の教材のストーリーを語り、英問英答を行う。 | 文型練習として、例文を口頭で導入する。 |
| 指導方法 | ・Oral introduction<br>・Catenizing<br>（口慣らし） | ・Pattern practice<br>（文型練習）<br>・模倣と暗記 |
| 短所 | 教師の高度の英語運用力が求められる。 | 機械的な反復練習が単調になる。 |

## ●問題点

言語形式の習慣化は重要であるが、文型の意味を考えずに機械的な反復で終わる場合があった。その場でリピートできても、実際の会話の場面では機械的な模倣や暗記はそのままでは通用しない例があった。1950 年代後半、Chomsky の生成文法が発表され、習慣形成理論の問題点が指摘されると、Oral Approach への注目が薄れていった。

## ●現代的意義

ふだんの生活で英語を話す機会がない学習者にとっては、重要文型を自動的に使えるようにする練習には利点が多い。反復練習にとどまらず、実際に英語で話すときに、模倣練習で習得した文型を使って、自然に会話ができるかが重要である。機械的なドリルや反復練習の次に、学習者が自発的に話す応用練習の場を設けることが、改善のために必要であると考える。

様々な問題点が指摘されるものの、指導技術や教材の配列に関しては、現在でも活用される余地を残している（米山、2001: 32-33）。また、白井（2008）は、自然な英語表現を習得するためには 1960 年代、Audiolingual Method でよくおこなわれた例文暗記や対話の暗唱も効果的であると述べている（p. 167）。

現代に活用するためには、反復練習と暗唱そして、既習の文型の応用練習の組み合わせが鍵になるといえよう。

## 2.3 CLT

**Communicative Language Teaching**
Notion and function
Meaning
Authentic
Communicative competence
Contextualization
Fluency and acceptable language
Pair and group work
Information gap

1970年代になって、ヨーロッパ諸国で経済的な交流が盛んになると、基礎から外国語を学ぶ時間がない人などに、意思の疎通をはかる手段としての外国語能力を習得する必要性が高まった。このことが、Communicative Language Teaching（以下CLT）が誕生するきっかけとなった。

**ヨーロッパ評議会(The Council of Europe)**は、どの単元からも学習を始められる**単元制(unit credit system)**に基づく、新しい外国語教育プロジェクトの開発に着手したが、特に次の3点が特色となっている。

(1) 学習者のニーズ(needs)に関する研究
(2) D.A. Wilkinsの機能シラバスの採用。
(3) 単元制(unit credit system)に基づくテキストの制作[*Threshold Level*（入口レベルの細目）1980]。

## ● *Notional syllabus*

1970年代、**Wilkins**(1976)は、伝統的な文法中心のシラバスに対し、**概念と機能を中心とするシラバス(notional-functional syllabus)**を提唱した。機能シラバスでは、言語構造に関する知識よりも、学習するときの目的、使用の種類や機能を中心に置いている。

> They are organized in terms of the purposes for which people are learning language and the kinds of language performance that are necessary to meet those purposes. (Wilkins 1976: 13)

ヨーロッパ評議会制作テキスト***Threshold Level English*** (Van Ek & Alexander 1980)の内容は、時間、順序などの**概念(notion)**や、要求、拒否、申し出などコミュニケーションに必要な**function (機能)**のカテゴリー(Wilkins, *Notional Syllabuses* 1976)に基づいている。

1つのユニット(単元)ごとに、ひとつの機能(function)または概念(notion)を学習できるように配列されている。機能とは「謝る」「拒絶する」「勧誘する」などの表現を指す。同じ「助言する(advising to do something)」でも、"I can recommend ... ." や "Why don't you ... ?" などの文例を、文法的難易度を考慮せずにともに紹介している(Van Ek & Alexander 1980: 50)。文法シラバスが主流であった時代には、画期的なシラバスの誕生であった。このシラバスでは、1単元ごとに独立して勉強でき、どこから始めても良いように編成されていた。そのため、「買い物をする」など、学習が今現在必要なユニットから学習を開始することが可能であった。

### ◆発想別英語会話教授法

日本でも日本放送協会編著として、notion（概念）function（機能）に類似した、発想別という考え方に基づく学習方法が提案されていた。しかし、英国のように、applied linguistics の分野などからの理論的背景や裏付けはなく、一般化しなかった。しかし、文法シラバスに対抗し、独自の発想別シラバスを提案した功績は大きい。

1973 年に NHK の成人向け英会話テレビ番組の中で、発想別による英会話表現の分類が開発され、発想別英会話教授法は、雑誌『英語教育』（1965 年 8 月号）にも発表された。「日本人の発想と外国人の発想の類似点や相違点の説明をケースごとに、経験的に教授するのではなく、できるだけ組織的に解説する。（下線部筆者）」（1973: 15）など、5 つの目標が示された。

分類項目表は、1965 年度の NHK テレビ英会話初級のテキスト 12 冊の本文の表現を分類整理したとされ、英文事例も上げている（1973: 17）。約 50 年後の今日（2018 年）も、十分参考にできる内容となっている。

## ● Communicative Competence

Leonard Newmark（1966）は、文法的に正しい文でも、会話の場面では通用しない表現を学習者が作成する可能性を示唆している。例えば、Newmark が下記に例としてあげた文は文法上正しいが、タバコの火を借りるときには適切でないものも含まれている（Newmark 1966 In Brumfit & Johnson 1979: 161）。

1. Do you have a light?
2. Got a match?
3. Do you have a fire?

4. Are you a match's owner?

現代だけでなく 1960 年代においても、通りがかりの人にタバコの火を借りるというコンテクストで、3、4 番の言い方を用いるなら、文法的には正しいが、実際には使わない表現で適切ではない応答と受け取られるであろう。Newmark は、学習者はコンテクストに合致した、**適切な (appropriate)** コミュニケーションを運用する能力を身につける必要があると述べている。

運用能力について社会言語学者 **D.H. Hymes** (1971) は、'On communicative competence'と題する論文の中で、次のように語っている。

> The engagement of language in social life has a positive, productive aspect. There are rules of use without which the rules of grammar would be useless." (In Brumfit & Johnson 1979: 15) (下線部筆者)

「文法の規則が無用になってしまうような言語使用の規則がある」という Hymes の指摘は、文法的正確さだけに焦点を当てるだけでなく、社会に通用する適切な表現を教えるべきという考え方につながっていく。すなわち文法規則を教えるための学習ではなく、日常会話でも通用する適切な (appropriate) 表現や言語の使用ルールを体系的に教える必要性を示唆したのである (ハイムズ 179: 125)。

コンテクストに適した適切な言語の運用を行うことは、文法上正しいことばを使うこととは異なる。文法知識だけでなく、実際の場で適切に言語を使うことができる能力 (communicative competence) も研究に含めなければならないという機運が高まった (Richards & Rodgers 2002: 155)。

Communicative Competenceの定義について、Savignonは次のように述べている。

> Coined by a sociolinguist (Hymes 1971) to include knowledge of sociolinguistic rules, or the appropriateness of an utterance, in addition to knowledge of grammar rules, the term has come to be used in language teaching contexts to refer to the ability to convey meaning, to successfully combine a knowledge of linguistic and sociolinguistic rules in communicative interaction (Savignon 1971). (Savignon 1983: v)

文法規則と社会言語的communicationルールを理解し、実際の言語使用の場で適切に(appropriate)使用する能力を指している。

**Canale & Swain** (1978) は、communicative competenceを分析し、次の4つの能力に分類している。

| | |
|---|---|
| **grammatical competence** | [文法能力]文法的に正しい文を作成できる能力。 |
| **discourse competence** | [談話能力]場面や文脈などの状況を正確につかみながら、的確に伝達できる能力。 |
| **sociolinguistic competence** | [社会言語能力]社会的また文化的に適切に言語を使用することができる能力。 |
| **strategic competence** | [方略的能力] 会話などを円滑に進める際に必要な能力。話の内容がわからないときに、'Excuse me?' と聞き返す方略など。 |

(Richards & Rodgers 2002: 160に基づく)

## ● CLT 理論的背景

| | | |
|---|---|---|
| Functional Linguistics 機能言語学 | John Firth<br>M. A. K. Halliday | 社会的な脈絡の中で、communication をおこなうために、どのような言語を習得し、使用するかを研究する。 |
| Socio-linguistics 社会言語学 | John Gumperz<br>Dell Hymes | communicative competence の解明など言語使用の社会における変化を研究する。 |
| Speech Act 発話行為理論 | John Austin<br>John Searle | 話し手が聞き手に意図を伝えようとする行為など、発話の行為を研究する。 |
| Applied Linguistics 応用言語学 | D. Wilkins<br>C. Candlin<br>H. Widdowson<br>C. Brumfit<br>K. Johnson | notional functional syllabuses（概念・機能シラバス）により、カリキュラムやテキストを作り、言語学習を進める方法を提案した。 |

［Richards & Rodgers（2014: 84）、白畑他（2009）に基づく］

上記の表にある 4 つの学問分野が理論的背景となり、CLT を支え、英国の応用言語学（applied linguistics）の研究者が中心となり指導法のレベルまで高められた。1980 年代日本でも British Council（英国文化交流機関）他が Widdowson や Brumfit らを招聘し、セミナーなどを通して当時の斬新な指導法である CLT を紹介している。

## ● CLTの特色

CLTの特色を次の6点に要約する。

1）指導原理　communicative competenceを養うためのアプローチ。

2）Communicative Competence
外国語を適切に使用するために必要なコミュニケーション能力。

3）特徴　「感謝する」「拒否する」等の機能シラバスを中心に指導を組み立てる。

4）授業での目標
コミュニケーション能力を伸ばすことが目標で意味を伝える活動を行い、文法などの特定の能力を集中的に伸ばすことは目標とはしていない。

5）教室での指導
accuracy（正確さ）よりもfluency（流暢さ）を重視するやり方で、教室内でのコミュニケーション活動やauthenticな教材を用いることを奨励し、pair workやtask、information gap activity（情報格差活動）他を活用している。

6）強いCLTと弱いCLT（Howatt 1984: 279）
**Strong version**が重視するのは、L2を「使う（'using English to learn it'）」ことによって言語システム自体の発展をうながし、習得が進むことである。強いCLTから発展した教授法としてTBLT（タスク中心指導法）があげられる。
**Weak version**では、「コミュニケーションを目的としてL2を使う」機会を提供することを重視する（'learning to use English'）。教室でコミュニケーション活動を行うことなどを指す。

## ● Audiolingual Method との比較

| **Audiolingual Method**<br>(1950～1960年代) | **CLT**<br>(1970年代～　) |
|---|---|
| Structure and form | meaning |
| Memorization | Not normally memorized |
| Not necessarily contextualized | Contextualization |
| Learning structures & sounds | Learning to communicate |
| Native-speaker like pronunciation | Comprehensible pronunciation |
| Linguistics competence | Communicative competence |
| Linguistic complexity | Content, Function, or meaning |
| Teacher-centered | Student-centered |
| Accuracy | Fluent & acceptable language |
| Controlled materials | Pair and group work |
| Dri ling | Information gap activity |
| Pattern practice | Communicative activities |

［Finocchiaro & Brumfit (1983: 91-3)を改編し追加］

## ● CLT の問題点と解決方法

意味あるコミュニケーションを重視するあまり、文法が軽視され、正確さ(accuracy)に欠ける学習になりがちであると指摘された。解決策としては、Brumfit (1981: 50)が提案したように、「**文法のはしご(a grammatical ladder)**」の周りに「**機能・概念の螺旋形(a functional-notional spiral)**」をからませるシラバスを用い、文法学習との共存を図る方法が考えられる。

## 2.4 TBLT

Long (2015) はタスク(task) を real-world activities ととらえ、各種の例を上げている。

- buying a pair of shoes
- making an airline reservation
- borrowing a library book
- taking a driving test
- Making a hotel reservation

(Long 1985. In Long 2015: 108.)

- responding to e-mail messages
- coaching a soccer team (Long 2015: 6)

「ホテルの予約をする」などのタスクは、実社会ですぐに役立つ学習で、CLT のオーセンティック(authentic)なアクティビティと類似しているように見えるが、はたしてどのような違いがあるのか。

**◆比較：CLT と TBLT におけるタスク**

| | CLT | TBLT |
|---|---|---|
| Larsen-Freeman (2000: 146) | [T]he task in our CLT lesson was designed to get students to practice making predictions, a communicative function [.] | [T]he teacher used a wide variety of linguistic forms, which the context made clear. |

Larsen-Freeman (2000) は上述のように、アクティビティと異なる点を指摘しているが、そのほかはどのような相違点があるのであろうか。明確な相違点を見るために、

タスク(task)の定義を見ていこう。タスクには実に様々な定義がある(Ellis 2003: 4-5)。主だったものをまとめると、下記になる。

**◆タスク(task)の定義**

| | |
|---|---|
| Long, M. (1985) in Long, M. (2015: 108) | [A] piece of work undertaken for oneself or for others, freely or for some reward. |
| Willis (1996: 23) | [T]asks are always activities where the target language is used by the learner for a communicative purpose (goal) in order to achieve an outcome. |
| Bygate, M., Skehan, P., & Swain, M. (2001: 11) | A task is an activity which requires learners to use language, with emphasis on meaning, to attain an objective. |
| Ellis, R. (2003: 3) | 'Tasks' are activities that call for primarily meaning-focused language use. |
| Van den Branden (2006: 4) | [A]n activity in which a person engages in order to attain an objective, and which necessitates the use of language. |

さらに、Skehan (1998: 95)は、タスクの定義と概念について、次のようにまとめている。これによると、タスクは完結をめざし、結果が重視される。この点がアクティビティ (activity)と異なると言える。

– **meaning** is primary;
– there is **some communication problem** to solve;
– there is some sort of relationship to comparable

**real-world** activities;
–task **completion** has some sort of priority;
–the assessment of the task is in terms of **outcome**. （太字は筆者）

Ellis（2003）も同様に、アクティビティ（activity）と異なる、taskの特徴（features）を次のように列挙している。タスクは、作業案（workplan）で、意味（meaning）を伝えることに焦点を当て、実社会の言語使用の過程（real-world processes of language use）が設定される。そこでは明確な伝達結果（communicative outcome）が求められる（Ellis 2003: 9-10）。

P. Robinson（2011）は、Candlin（1987）を引用し、次の7点を教室内のタスクを考案する際に考慮すべき項目としてあげている。

・Input
・Roles
・Settings
・Actions
・Monitoring
・Outcomes
・Feedback

（Robinson 2011: 6-7を簡略化）

## ● TBLTの定義

タスクの定義が多様なように、**タスク(task)**を中心とする外国語教授法 Task-Based Language Teaching（以下 TBLT）の構想も論者によって微妙に変化している。

Long（2015: 6）は、TBLTのとらえ方が2分化（TBLTとtask-supported language teaching）している点を指摘し、真のTBLTのコースは、“task-supported teaching”のように文法シラバスの中でタスクを補助的に扱うことではなくて、**学習者のニーズの分析（needs analysis）**にもとづきタスクを策定し、目標言語でインタラクションを行う機会を提供することであると主張している。同様に、Ellis（2003: 141）も“**task-supported**” language teachingのタスクを、“**consciousness-raising**” あるいは“**focused**” taskと呼び、TBLTと区別している。

**◆ TBLTの定義**

| | |
|---|---|
| Larsen-Freeman (2000: 144) | [A] task-based approach aims to provide learners with a natural context for language use. As learners work to complete a task, they have abundant opportunity to interact. |
| Ellis (2003: 351) | Teaching that is based entirely on tasks. Such teaching makes use of a *procedural syllabus*.<br>[procedural syllabus: The term used Prabhu (1987) to refer to a syllabus consisting of a graded set of tasks to be performed by the learners. (Ellis 2003: 348)] |
| Nunan (2004: 216) | An approach to language teaching organized around tasks rather than language structures. |

| Shehadeh (2005: 15) | Task-based language teaching (TBLT) proposes the use of tasks as a central component in the language classroom because they provide better contexts for activating learner acquisition processes and promoting L2 learning. |
|---|---|
| Long (2015: 6) | TBLT starts with a task-based needs analysis to identify the target tasks for a particular group of learners [.] |

下記は、Long (2015: 6)やSkehan (1998: 95)の考え方に基づき、TBLTの内容と特色をまとめたものである。

1. 伝える意味(meaning)を第一に、文法形式(form)にも注意を払いながら、与えられたタスクの中で、コミュニケーションを行い相互理解をめざす。
2. ペアやグループで、設定された目標や到達点(goal)に向かって、意味のやり取り(negotiation of meaning)などを行い、結果(outcome)を導く。
3. 学習者のneeds analysisに基づき、実社会に関係する内容のタスクが設定される。
4. 解決すべき課題が設定され、タスクの達成の成果(outcome)で評価される。

## ●文法練習との相違点

タスクを利用した実践例については、J. Wills他が各種のタスクを利用した活動例を提案しており、タスクを授業に組み込む際の大きなヒントとなる(Wills, J. 1996, Willis, D. & Willis, J. 2007)。

Nunan (2004: 4)、学習者は意味を伝えるために文法にも注意を払いつつ、目標言語でインタラクションをとる。すなわち、形式よりも意味を伝えることを意図して会話を行う。しかし、意味を伝えることと文法形式に注意を払うこと、両者は多いに関係があるとする。しかし、Willis & Willis (2001)を引用し、文法練習との相違点を紹介している。

> Willis and Willis (2001) point out, tasks differ from grammatical exercises in that learners are free to use a range of language structures to achieve task outcomes　– the forms are not specifies in advance. (Nunan 2004: 4)

## ●日本の中学・高校の英語教育における task の活用

日本の中学・高校の授業では、主に検定教科書を用いて文法やスピーキングなど4技能が指導されている。タスク全てで授業を構成することは一般的ではない(cf. 高島 2005: 6)。タスクを取り入れる場合は、TBLT ではなく、"**task-supported**"の考え方であれば、タスクを用いて、会話能力の養成をはかることや、文法指導のアクティビティとしての利用が考えられる。高島(2005)は、文法項目別の英語タスク活動とタスクに関して、タスクの利点を次のように上げている。

(1) 意味のやり取り(negotiation of meaning)を行う中で、理解可能なインプット(comprehensible input)を得ることができる。
(2) 意味のやり取りを行う中で、適切なフィードバックを得ることができる。
(3) 既習の言語知識を実際に運用するアウトプットの機

会を得ることができる。学習者は、実際に言語を使用することによって、知識の**自動化(automatization)**を図り、言語体系の再構築(restructuring)を行うことができる。

(4) 他者と協力して課題を達成する過程を踏むことにより、言語発達を促す。　　　　　　　(高島 2005: 5)

### ◆問題点と解決策

タスクやタスク活動を日本の中・高で活用する際、予想される問題点をあげたい。

(1) 学習者にはふざけたり、恥ずかしがったりなど、積極的に話そうとしない者がいる。

(2) 与えられたタスクの会話のレベルについていけない学習者がいる場合、対応策の決め手がない。

(3) タスクを行うグループ特有の英語(pidginized language)に陥る可能性がある。

(4) タスクの成功には、指導する教師のコミュニケーション能力が大いに関係する。

解決策の一つとしては、40 人、50 人と生徒数が多いクラスでは、タスクの規模に合うタスクの開発が必要となろう。TBLT をそのまま日本の中学・高校の授業に導入するには制約が多いが、タスク活動を通常のシラバスに適宜取り入れることにより、タスクの中に自然な英語の習得の場を提供することにつながる。そこでは、意味を伝えることが重視されるが、文法形式にも注意が払われ、タスクの内容設定によっては、既習の文法の練習場として活用できる。

## 2.5　Focus on Form

**Focus on Form（形式の焦点化）**
Focus on Forms（文法項目重視）
Focus on Meaning（意味重視）
recast
input flood
input enhancement

Focus on Form は、具体的な指導技術などを示すメソッド（method）の範疇には入らないが、外国語教育指導理論を示すアプローチとして、現在注目を集めている。

**M. Long** は、1988 年の論文で、Krashen の「意識的な文法の学習は言語習得にはつながらない」とする考えとは距離を保ち、言語形式に焦点を当てる指導の重要さとその理由を指摘している（Long 1988）。

> [A] focus on *form* is probably a key feature of SL instruction, because of the saliency it brings to targeted features in classroom input, and also in input outside the classroom, where this is available.
>
> （Long 1988: 136）

さらに、1980 年代半ばより、Long は、伝統的な文法指導と異なるアプローチである、**フォーカス・オン・フォーム（Focus on Form）**を提唱した（Long 2015:

27)。

下記のリストは、Long の Table 2.1 (2015: 28) を参照し、Focus on Form と、Focus on Meaning および Focus on Form***s*** を対比したものである。

| **Focus on Meaning** | **Focus on Form** | **Focus on Form*s*** |
|---|---|---|
| **意味重視**<br>意味を伝えることを目的にコミュニケーションを行う。 | 意味内容のあるコミュニケーションの中で形式にも注目する。 | **言語形式重視**<br>特定の形式に注目させ、文法項目ごとに解説を行う。 |
| activity<br>task | task | Drill<br>Exercise |
| Analytic<br>(分析・分解的) | Analytic<br>(分析・分解的) | Synthetic<br>(統合的) |
| 機能 / タスク・シラバス | 機能 / タスク・シラバス | 文法シラバス |
| <外国語教授法><br>・Immersion<br>・Natural Approach<br>・CLT (weak version)<br>・CLIL | <外国語教授法><br>・TBLT<br>・CBI<br>・CLT (strong version) | < 外国語教授法 ><br>・Grammar Translation<br>・Audiolingual<br>・TPR (Total Physical response) * |
| Student-centered | | Teacher-centered |
| Implicit (暗示的) teaching | Implicit (暗示的) teaching | Explicit (明示的) Teaching |

(注) * TPR : 教師の命令文の発言に学習者は身体で反応する身体の反応と言語活動を連動して行う全身反応教授法。

## ●フォーカス・オン・フォームの定義

初期の頃は、フォーカス・オン・フォームの概念としては、意味を伝えることを目的とし、**文法形式(form)**を意識せず、コミュニケーションをしながら、偶発的に形式(form)へ注意が払われるアプローチとして紹介されていた。定義は研究者により微妙な差があり、下記の表にまとめて紹介する。

| | |
|---|---|
| Long (1991) In Doughty & Williams (1998: 3) | Focus on form ... overtly draws students' attention to linguistic elements as they arise incidentally in lessons whose overriding focus is on meaning or communication. |
| Doughty & Williams (1998: 4) | [M]eaning and use must already be evident to the learner at a time that attention is drawn to the linguistic apparatus needed to get the meaning to across. |
| Long & Robinson (1998: 23) In Doughty & Williams (1998: 23) | [F]ocus on form often consists of an occasional shift of attention to linguistic code features – by the teacher and/or more students – triggered by perceived problems with comprehension or production. |
| Long (2015: 27) | Focus on form involves reactive use of a wide variety of pedagogical procedures … to draw learners' attention to linguistic problems in context ... . |

## ● Focus on Form と日本の英語科教育

中学・高校の文法指導では、伝統的に文法項目を一つ一つとりあげ解説し、ドリルや練習問題を行うことが多い。Focus on Form の考え方を教室に取り入れた場合、

（1）言語が使われている状況を設定し、意味を伝えることを目標とする活動が想定される。

（2）文法を項目ごとに順番に指導するのではなく、会話練習などにおいて偶発的に規則に**気づく（noticing）**機会を増やすことが重要である。

（3）会話の練習では、必要に応じ学習者が形式にも注意を払えるような工夫がのぞまれる。

生徒に「気づき」をうながす手法が Focus on Form を支えているといえる（Loewen 2015: 60）。下記は、授業に文法指導を暗示的に設定するやり方で、気づきをうながす工夫が見られる。教師が文法規則を直接解説するのではなく、学習者が自然とルールに気づくことを促す。

| | |
|---|---|
| **recast（リキャスト）** | 学習者の誤りを自然な言い回しで教師が言い直してあげる。ライティングでは下線を引くなどして間違いに気づかせるように導く。 |
| **input flood（インプット洪水）** | 文法項目を含む input を洪水のように与える。指導目的の文法規則が頻繁に登場する物語や記事を教材とすることなどが考えられる。 |
| **input enhancement（インプット強化）** | 太字やイタリック体にするなど、特定の文法項目を教材の中で目立たせて強化する。 |

（高島 2011: 196-200、和泉 2016a: 59-61 を基に作成）

# 2.6　CBI と CLIL

**Content-Based Instruction**（以下 CBI）と近年注目されている**Content and Language Integrated Learning**（以下 CLIL）を対比しながら、背景理論と特徴を明らかにする。

CBI は「内容中心教授法」と訳され、ネイティブ・スピーカーの教師により外国語で行われている、数学や体育などの授業に出席し、L1 を介さず学習するもので、教科の内容を学びながら、不随意的に自然と外国語（L2）が習得されることを目指すものである。

習得を目標とする言語（L2）以外の教科や特定のテーマを学習することを目標とし、L2 で教科やテーマの内容に関して学んでいく。たとえば、日本語が L1 で、目標とする L2 が英語の場合、学校で学ぶ数学や音楽をネイティブスピーカーに英語で担当してもらう例が当てはまる

一方、CLILE は「内容言語統合型学習」と訳され、L2 の学習と教科の内容を統合して教える、外国語教育のアプローチである。例えば、世界史の授業では、歴史に関する内容を第 2 言語（L2）で解説し、L2 の規則などに関する説明も同時に行う。これにより、学習者は歴史の内容と L2 の規則、両者の理解が同時に進むことになる。学習者は L2 を使いながら内容を理解しようとするので、コンテクストにおける言語の使い方も自然と身につく。L2 の規則だけを取り上げる、伝統的な外国語学習とは異なり、L2 を使いながら、ことばを学んでいく。

次の表は相違点を中心に CBI と CLIL を対比している。

| | CBI | CLIL |
|---|---|---|
| 定　義 | "an approach to second language teaching in which teaching is organized around the content or subject matter that students will acquire such as history or social studies, rather than around a linguistic or other type of syllabus" (Richard s & Rodgers 2014: 116) | "a dual-focused educational approach in which an **additional language** is used for the learning and teaching of both content and language" (Coyle, et al. 2010: 1) |
| | 「第二言語 / 外国語を用いて理科、社会などの教科の内容(content)を学習者に教え、その過程において目標言語を自然な形で習得させようとする教授法」(白畑他 2009: 70-1) | 「教科を語学教育の方法により学ぶことによって効率的かつ深いレベルで修得し、また英語を学習手段として使うことによって実践力を伸ばす教育法」(渡部他 2011: 12) |
| 背　景 | 1980 年代アメリカの学校で、英語が L1 ではない生徒向けに発展。 | 1990 年代ヨーロッパ。EU の提唱する複言語主義、多言語主義の影響。 |
| 教　師 | Native Speaker | 主に Non Native Speaker |
| 関　連 | CLT / ESP<br>Immersion | CEFR<br>ESP |
| 相違点 | 内容学習をしながら具発的に英語教育の向上を期待する | 語学教育として意図的に目標、内容、指導法、教材が選択され設計される |

## ● Corrective Feedback

Corrective Feedback は、学習者の発話の誤りに反応し、その誤りを修正する意図を持って与えるフィードバック（修正の情報）をさす（cf. 3 章）。

Richards & Rodgers（2012: 122）は、CBI と CLIL の学習理論の一つとして、**Corrective Feedback（訂正 / 修正フィードバック）**をあげ、Lyster & Ranta（1997）を引用し、各種の feedback の特色を紹介している。Corrective Feedback の 6 つのタイプの具体例の作成を試みた。さらに、次ページでは 6 つの feedback の定義について、Lyster & Ranta（1997）や Ellis（2012: 138）を基盤にまとめている。

### ◆ Corrective Feedback の具体例

下記は、生徒が「スマートフォンのゲームで遊んだ」という内容を間違って現在形を使って発言した場合の、教師の訂正フィードバックの例である。

**［生徒の発言］S: I play a smartphone game last Sunday.**

| | |
|---|---|
| Clarification request | T : Can you say it again? |
| Explicit Correction | T : No. You should say, "I play**ed** a smartphone game last Sunday." |
| Recast | T : Oh. you play**ed** a smartphone game last Sunday." |
| Elicitation | T : Last Sunday I … ? |
| Repetition | T : I **play** a smartphone game **last Sunday**? Play? |
| Metalinguistic feedback | T : No. Not "play." It's past tense. You should add "-ed." "Play**ed**." |

## ◆ Corrective Feedbackの定義

| | Lyster & Ranta (1997: 203) |
|---|---|
| **Clarification request（明確化要求）** 話している内容が明確ではなく、理解できなかったり、聞こえなかった時に、明確に言ってほしいと頼む。 | Indication that an utterance has not been heard or understood, sometimes with the purpose of drawing attention to non-target forms |
| **Explicit Correction（明示的訂正）**間違いを指摘し、正しい形式を示す。 | Provision of the correct form, indicating that something was incorrect |
| **Recast（リキャスト）** 学習者の発言の誤りをその基本的な意味は変えずに自然に言い直す。 | Implicit correction of an utterance by means of reformulation |
| **Elicitation（誘導）** 学習者が自分で訂正できるように誘導する。 | Direct elicitation of the correct form using techniques such as asking for completion |
| **Repetition（繰り返し）** 学習者が誤った表現を教師が上昇調で繰り返す。 | Repetition of the error with rising intonation |
| **Metalinguistic feedback（メタ言語的修正）** 発言の中の文法の誤り等に修正の手がかりを与える。 | Reference to the well-formedness or correctness of the student's utterance without providing the correct form |

[英文引用：Lyster & Ranta (1997) in Richards & Rodgers (2012: 138)]

## ● Language-driven vs. Content-driven

Richards & Rodgers (2012: 123) は、CBI と CLIL の特色の一つとして、CBI は **content-driven (内容主導)**、CLIL は **language-driven (言語学習主導)** であると述べている (cf. 3 章)。たとえば、全・部分イマージョン (total and partial immersion) のプログラムは内容の理解が優先され、L2 の規則を教える学習は組み込まれていないことから、内容主導 (content-driven) の傾向が強い。一方、トピックやテーマ中心 (**topic- and theme-based**) の学習では、L2 の語彙や規則の学習などが組み込まれているので、L2 の言語学習主導 (language-driven) の傾向が強いと言える。

R. Lyster (2018) は、language-driven を左の極に、content-driven を右極に置き、両者の範囲を下記の図で表現している。

| **Language-driven** | ←――――――→ | **Content-driven** |
|---|---|---|
| e.g., them-based language courses | e.g., content-course(s) + language course | e.g., immersion programs (50%+ in target language) |

[Lyster's Figure 1 Range of CBLT Settings (2018: 2)]

## ● CBI に基づく指導実践例

CBI の具体例として、カナダの **French Immersion** が有名である (cf. 3 章)。日本でも **Partial Immersion (部分イマージョン)** 等を採用していると発表している学校が注目を集めている (cf. http://bi-lingual.com/js_ high.php)。

## ● CLIL の実践・応用例 < 英語の場合>

(1) 高校生の英語リーディングの授業で、「地球温暖化」や「森林破壊」など環境問題に関するテーマを扱っているテキストを用い、読解力を高める練習を行う。テーマに関する専門知識を得ることができると同時に、テーマやトピックに関連する英語の語彙イディオムなどを学習できる。

(2) 特別な目的のための英語教育(ESP: English for Specific/Special Purposes )のアプローチで、目標とする分野の知識と関連する語彙野習得やスピーキング力の伸長をめざす学習を行う。例えば、「留学のための英語」習得を目的とするコースでは、生徒が留学先で、英語で日本の食文化について発表するという想定で、英語での質疑応答や発表技法を学ぶ。さらに、日本文化に関する英語のテキストを用い、日本の伝統文化の知識を得るとともに、関連する英語の語彙やイディオムを学び、学んだ知識についてサマリーを書く練習をさせる。

## 2.7　CEFR と CAN-DO statements

The Common European Framework of Reference (以下 CEFR)は、**ヨーロッパ評議会(Council of Europe)**が発行した外国語学習、指導、評価の指針(*The Common European Framework of Reference for Languages: Learning, Teaching, Assessment* 2001)である。「ヨーロッパ共通言語参照枠組み」や「ヨーロッパにおける外国語学習・教授・評価のための共通参照枠」などと訳される。

CEFR は、言語を使って学習者が何をできるのか(**CAN-DO statements**)を示した「参照枠」であり、国や L1 の違いを超え、ヨーロッパにおいて、言語の学習や指導、評価方法について理解を深める共通の枠組みを示している。CEFR の第 1 章では、「ヨーロッパ諸国の協調を外国語によって促進しようとする方針が明確に打ち出され」(白畑他 2009: 43)、複数の言語を用いることを肯定的にとらえる、**複言語主義(plurilingualism)**を推進するための共通の到達度の指標を提案している。

複言語主義において、CEFR は CLIL (2.6 参照) 教授法に連動し、ネイティブスピーカーのレベルにまでは届かないが、目的やコンテクストに応じて、外国語を適切に使える能力に焦点を当てている。CEFR は、CLT の誕生に影響を与えた **Notional Syllabuses** や **Threshold Level Syllabus** から進化したものと考えられる(cf. Richards & Rodgers 2014: 165)。

1976 年にヨーロッパ評議会(Council of Europe)は *Threshold Level for Modern Language Learning in School* (Van Ek 著)を発行し、学習者が各自に必要なコミュニケーション機能を単元ごとに学べる「入口のレベルの学習指導項目リスト」を示した。総合的に学ばなくとも、その時点で必要な英語の概念・機能の単元から、学習者のニーズに応じて一つ一つ学べるシラバスである。1991年の改訂版 *Threshold Level 1990*(Van Ek & Trim著)には、CEFRにつながる構想が反映されている(cf. 小池 2013: 7)。

> Thresholdの意味は、言語学習者が適切にコミュニケーションをすることができるには何がどの程度言葉の発表を理解できれば良いか、その到達程度はどれほどかを、あたかも敷居(threshold)のように明確に目標を示すということである。(小池 2013: 7-8)。

## ● CEFR-J と CAN-DO Statements

日本では2012年に、日本の英語教育の状況や枠組みにあった**CEFR-J**がCEFLに準拠し発表されている(cf. 文部科学省 資料7-1「CEFR-Jとは」(投野由紀夫)外国語教育における「**CAN-DOリスト**」の形での学習到達目標設定に関する検討会議第1回会合)。

言語運用する能力に関して、**学習者に何ができるのかを示した行動の記述(can-do statements)**は、日本では、CAN-DOリストとして、学習の到達目標を「~することができる」という形で指標化する際などに用いられている。

2013年、文部科学省初等中等教育局が『各中・高等学校の外国語教育における「CAN-DOリスト」の形での学習到達目標設定のための手引き』を作成、中学や高校の具体的な指標を設定する手引きとして公表されている。

## 2.8 Literature & Language Teaching

文学を教材として外国語学習(EFL)に取り入れる理由として、R. Carter & M. N. Long (1991: 2)は次の３つのモデルとしての利用をあげている。

・The cultural model
・The language model
・The personal growth model

文化のモデルとしては、「文学を外国語学習に取り入れることによって、異なる文化や思想に対する理解を深めることができる」「文学の中に描かれている文化、芸術、伝統、人々の感情などへの理解が深まる」などの利点があり、言語の模範例としては、「多様な言語の使用に触れることができる」点が長所である。個人の成長(personal growth)のモデルとしては、「学習者の想像力を呼び起こすような作品を教材として使用することは学習者に活気を与え、さらには人間的成長へと導くことが可能である」点が推奨できる(Carter & Long 1991: 2-3)。

J. Collie & S. Slater (1987)は、ノーベル文学賞受賞作家 W. Golding の長編 *Lord of the Flies* (『蝿の王』)を語学学習教材として採用し、付属する練習問題として読解設問のほか、アクティビティやライティングのワークシートを創作し発表した。Collie & Slater (1987: 3-6)は、語学学習に文学を採用する理由として、次の４点をあげている。

・valuable authentic material
・cultural enrichment
・language enrichment
・personal involvement

文学作品を教材として取り入れる場合のアプローチとして **Language-based approach**（言語を基礎とする学習法）があげられる。授業に文学を導入する時の方法や注意点に傾聴すべき点が多く、下記に、このアプーロチから期待できる学習結果の要約を試みた(cf. Brumfit & Carter 1986: 20, Collie & Slater 1987: 8-10, Carter & Long 1991: 7-8)。

- 文学作品の言語の面に焦点をあて、深く読むことによって、読解力が養われるとともに、文学表現に対する感受性(sensitivity)が鋭くなり、作品鑑賞力が育まれる。
- 学習者中心(student-centered)のアクティビティを考案することによって、生徒の興味の維持と積極的な参加が期待できる。さらに、グループワークなどを採用することにより、生徒独自の意見を述べる場を提供することが可能となる。
- イラストや図などが挿入されているワークシートなどの考案使用により、生徒が作品を身近なものとして感じるようになるとともに、リーディングだけでなく、スピーキングやライティングの指導も可能となる。

## ●文学を利用した語学学習：アクティビティ

効果的にアクティビティを導入するため、作品を読む前に pre-reading、読後に post-reading の活動を取り入れる手法がある。Collie & Slater (1987) は各種のアクティビティを紹介し、さらに短編を利用したテキスト Short Stories (1993) を出版している。

### ◆ Activities の例

・*Creative conversation writing*
　例）作品の内容に関連する対話を書き、発表する。
・*Cries for help / Letter in a bottle*
　例）孤島に取り残される物語では、助けを求めるメモを書き、瓶の中に入れ海に流す。
・*Star diagram*
　例）作品の場面ごとに関連する英語表現を記入させ、内容が整理されることにより、作品に対する理解が深まる。

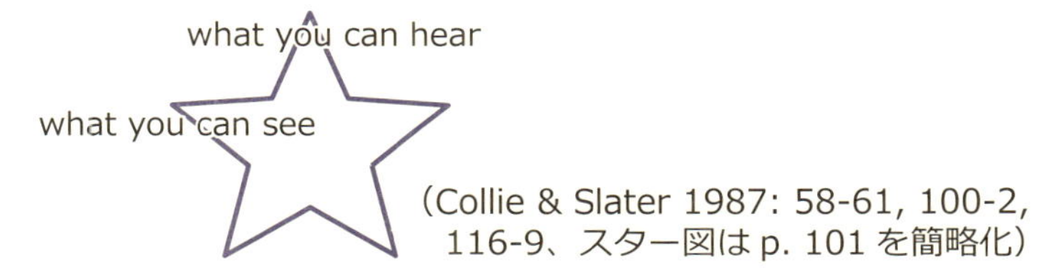


（Collie & Slater 1987: 58-61, 100-2, 116-9、スター図は p. 101 を簡略化）

## ● 文学を利用した L2 学習の課題

文学教材を使用した、様々な言語活動が創作され、文学と英語教育の統合に関する理論が提案されている。学習者中心の教授法では、「結末のあとには何が起こると思うか。どう考えるか。」と問うことによって作品の内容に自身をあてはめさせ、展開を想像させることができる。より深く作品を理解し、独自の解釈を発展できる可能性もある。

しかし、1 回の授業で扱うには短編でもページ数が多すぎる点が問題としてあげられる。また、ヘミングウェイの短編 *Cat in the Rain* のように長さが適切でも、最後に登場する cat に関して解釈が別れるものもあり、文学的解釈に関する難易度も考慮に入れることが必要となろう。

# 第 3 章　英語科教育学のキーワード

## 3.1　SLA 関係

第 1、2 章で特に言及しなかったキーワードやキータームをアルファベット順に列挙する。

### ● feedback

SLA では、生徒の発話に対する反応として、教師や上級レベルの話者が与える情報を指す。第 2 章 2.6 で取り上げた Clarification request（明確化要求）を再度提示し、さらに 2 つの feedback を例示する。

（1）**Clarification request**（明確化要求）
生徒の発話の内容がよくわからなかった時などに、意味を明確に言ってもらうように要求する。
例・Sorry? Could you repeat that?
・Can you say it again?
・What did you say?

（2）**Comprehension Check**（理解チェック）
対話の中で、生徒が理解しているかを確認する。
例・Do you understand?
・Do you have any questions?

（3）**Confirmation Check**（確認チェック）
生徒の発言について、自分の理解が正しいかどうかを確認する。
例・So you mean this?
・Do you mean … ?

## ● Immersion

英語のimmerseという語は「完全に浸す」ということを意味する。例えば英語のImmersionでは、母語（日本語）を介さず、英語で数学や理科などの教科を学ぶことにより、英語の習得が進むという手法で、まさに第二言語に浸る環境が用意される。

Snow (2001) はImmersionモデルについて次のように述べている。

> First established in 1965 in a suburb of Montreal, Canada, immersion programs can now be found across Canada ... providing education in such foreign languages as French ... . In the total immersion model, English-speaking elementary school students receive the majority of their schooling through the medium of their second language. (Snow 2001: 305)

Immersionの弱点としては、間違いが訂正されず、教室内だけで通じる方言ができる可能性があることで、French Immersionの場合、教師のフランス語を聞く力は伸びるが話す力がそれほど伸びない。教室の中という狭い場所でフランス語に浸る機会はあるものの、実際のフランス語や文化に接する機会はほとんどない。その時点の第二言語の知識である**中間言語(interlanguage)**がある時点から発展せず、場合によっては停滞したままの状態、すなわち**化石化(fossilization)**する懸念もある。

長所としては、他の文化に触れ、異文化に対して寛容になる点が指摘されている。

## ● negotiation for/of meaning（意味交渉）

インタラクション仮説でキータームとなる negotiation for/of meaning（意味交渉）の定義について Hummel は下記のように述べている。

> Process in which learners and competent speakers interact in various ways, making adjustments in their speech until understanding is achieved.（Hummel 2014: 79）

会話では、意味がよくわからないときは、自分の発言を修正したり、相手に意味を確認し理解しようとしたりする。このように相手とやり取りを行いながら意味をすり合わせ、理解を深めていくことを **negotiation for/of meaning** という。その過程で行われる言語的修正を Interactional Modification（会話的修正）と呼び、意味のすり合わせの過程の途中で、話し手である学習者に、訂正を強く求めることを前提としたフィードバックを、**prompt（プロンプト）**と呼ぶ（cf. 名部井 2015: 46）。

## ● needs analysis（学習者のニーズ分析）

学習者がどのような分野や状況で外国語を使う必要が生じるようになるのか、さらにどのような外国語能力を要請する必要があるのかなど、学習者のニーズを分析することを needs analysis と呼ぶ。学習者のニーズの分析を経て、ESP（特定の目的のための英語：English for Specific Purposes）の研究やプログラムへとつながっていく。

> [W]hat is needed for ESP is a difference in approach and data that is conceived not as fundamentally different in terms of linguistic usages – though clearly particular items and patterns can be identified as specific to particular subject specialisations or vocational/occupational roles – but which represents particular modes of language use that characterize science in general or occupational/vocational uses of language in particular.
> （Mackey & Mountford 1978: 5）

## ● Restructuring（再構築）

第2言語学習において、学習者がすでに持っているL2の言語知識（interlanguage）に追加や修正を加え再編成していくプロセスがみられる。言語知識がすぐに自動化され、意識せず使えるようになるのではなく、多くの場合**U字型発達（U-shaped development）**をする。直線ではなくU字の線を描くように後戻りしたりしながら知識を再構築し習得する。例えば、現在完了で過去分詞を使うことを学んだあと、しばらくして過去形を間違って使用したりする。修正を指摘されると再び過去分詞を正しく使う。

## ● Scaffolding（足場掛け）

Lyster（2018）は、scaffoldingを"the assistance the teacher provides to the students so that they can understand and accomplish tasks ..."と説明している。建築の現場の足場のように、生徒を支えタスクが完成するのを導く。教師との協同作業ともとらえられる。

## 3.2 英語教育関係

第1､2章で言及しなかったキーワードをアイウエオ順で取り上げ、補完したい。

### ●アクション・リサーチ

Mackey & Gass (2005) は、アクション・リサーチ (action research) を teacher-initiated research の一つの形式ととらえている (2005: 216)。Mackey & Gass の action research に関する見解を抜粋し、引用する。

・[A]ction research usually stems from a question or problem, involves gathering data, and is followed by analysis and interpretation of those data and possibly a solution to the research problem.
・First, practitioners identify problems or concerns within their own classrooms.
・Next, the practitioner may conduct a preliminary investigation in order to gather information about what is happening in the classroom [.]
・Based on the information obtained in the data, ... the practitioner may form assumptions or hypotheses. (2005: 217-8)

多くの場合 action research は、教師が自ら教えている授業を対象とし、問題点を調査、得られた結果をもとに授業の改善を図ることを目的としている。

## ●英語教育大論争

1974年、当時の自民党の政務講演会にて、平泉渉議員より、「外国語教育の現状と方向」という試案が発表された。翌年、渡部昇一上智大学教授が『諸君！』（文藝春秋）に「亡国の英語教育改革試案」を掲載し、いわゆる英語教育大論争（1975年4〜10月号）が始まった。平泉は英語学習の成果が上がっていない理由をいくつか挙げている。

> 第二の理由としては「受験英語」の程度が高すぎることである。一般生徒を対象として、現状の教育法をもって、現行の大学入試の程度にまで、「学力」を高めることは生徒に対してはなはだしい無理を強要することにほかならない。学習意欲はますます失われる。（平泉・渡部1995: 11）

一方、渡部は、平泉の改革試案を批判し、反論を展開した。下記はその論点の一例である。

> 岩手県にいて、つまり周囲に英語を話す外人もいないところにいて、英会話の能力を身につけたり、その能力を維持し続けることはナンセンスに近い努力である。重要なのは、アメリカに行って三ヶ月か半年後になってから着実に伸びる土台を与えることなのだ。（平泉・渡部1995: 39）

平泉は、当時の英語教育の現状を鑑み、到達すべき基準を引き下げる提案を行い、さらに、熱意のある生徒には「高度の英語の実用的訓練」を課すことなど、改革案を唱えた。一方、渡部は、義務教育としての英語は、生徒の潜在力を育み、将来英語が必要となる時の土台として必要であると主張した。

## ●英語教師像

英語で英語の授業を行う方法の一つとして注目されるOral Introductionを1920年代に日本に紹介したPalmer（1917）は、教師の役割を下記のように提案している。

The first qualifications of the expert teacher are a knowledge of the foreign Language and of the student's native tongue, and the ability to organize the program, to choose the appropriate material and the most appropriate means of conveying and of inculcating it.（Palmer 1917: 163）

W. Rivers（1983）は、語学教師の役割について次のように述べている。

First of all, second-language teachers should be thoughtful professionals, not mere day laborers. Knowledge that can help them understand their students better, and the way they learn various aspects of language use, is proliferating in a number of tangential disciplines.（Rivers 1983: vii）

現代のように、CLTやTBLTの教授法が広まり、ペアワークやグループワークが多く採用される状況の中、英語科教育においても、従来からの教師主導型から、学習者中心型指導への選択が課題となっている。まずは、自身の授業における教師の役割と授業内容や生徒の学力を再検討し、どちらの指導型を選択するか、または融合するか、授業ごとに計画を立てる姿勢が肝要であると思われる。

## ●オールイングリッシュ

「授業は英語で行うことを基本とする」という内容が高等学校学習指導要領(平成21年改訂)に記載され、英語の授業では使用する言語が英語であるとなどが強調された。生徒が英語を聞く時間が増えることから、理解可能なインプットの量が増え、リスニング力の伸びが加速するのではないかという期待が持てる。一方、「文法規則を英語のみで理解させられるか」、「生徒の誤まりを日本語を使わず訂正できるか」など、さまざまな課題が指摘されている。

吉田(2011: 6)は、「英語の授業は英語で行うことを基本とする」と新学習指導要領でうたっているが、決して「すべて英語で行わなければならない」という意味ではないと主張している。

しかしながら、100%英語で行うオールイングリッシュの研究授業を依頼される場合も増えている。本書では、オールイングリッシュの授業を効率よく実現するポイントを提案したい。

(1) 50%以上英語で行う授業の型とオールイングリッシュの授業の進行パターン、2種類を作成し、授業の進度や状況に合わせて選択する。最終的にはオールイングリッシュでほとんどの授業が行えるように、授業計画を入念に立案する。

(2) 自然なコンテクストを設定し、本文のトピックや新出文法項目の導入は、Oral Introduction で行うことを習慣化する。

(3) 英語の後に日本語で指示を繰り返すと、英語の指示をまじめに聞かなくなる可能性がある。授業では、指示は全て英語で行うことを心がけ、日本語の使用は最小限にとどめる。(cf. 渡部祥子 2017)

# おわりに

本書は、各種の仮説と理論、概念やキーワードを図や表を用い対比して提示することにより、読者の研究や疑問点の解明を手助けすることを目的とし、編纂している。本書の冒頭「はじめに」であげた課題(1)と(2)に関して、これらの対比から得られる知見をもとに、解決策や改善点のヒントを読者が発見できればと願っている。

課題(1)　自動的に話すことができる力をどのように授業で習得させるか。

上記の課題を掲げ、関連するキーワドや概念、理論や仮説について編纂を試みた。話す力の養成に関しては、「宣言的知識」と「手続き的知識」の把握が参考となる。

「宣言的知識」は、学習した英文法などの知識をさし、「手続き的知識」は、学習した知識を実際の会話の場面などで使用できる知識をさす。

英語科教育のスピーキング指導の目的の一つは、この「宣言的知識」を「手続き的知識」に変える練習やタスク、アクティビティを行うことにより、ネイティブ・スピーカーのように、自動的、意識せずに話すことができるようになることとも考えられる。

本書では、これらの知識に類似したキーワードを各種の仮説にそって取りあげており、下記にまとめたい。これらの対比により、授業におけるスピーキング力養成のヒントが得られるであろう。下記の表で取り上げる知識や概念は必ずしもイコールではないが、「宣言的知識」に類似したものを左側に、「手続き的知識」とみなされるものを右側に配置し、対比を試みている。

| 言語学習 | 言語使用 |
|---|---|
| 宣言的知識 | 手続き的知識 |
| 規範としての言語 | 運用としての言語 |
| Code | Speech |
| Explicit knowledge | Implicit knowledge |
| 明示的知識 | 暗示的知識 |
| Conscious | Automatic |
| Consciousness-raising | Automatization |
| Learning | Acquisition |
| Skill-getting | Skill-using |

(cf. Stern 1983 & 1992, Rivers & Temperley 1978)

さて次に、上記左側のラインにある、文法規則などの宣言的知識を授業で解説したあと、どのように、右側のラインにある手続き的知識に変化させていくかが課題となる。あるいは、Krashenが提唱したように、授業で解説された文法の知識はモニターとして働くだけで、習得(acquisition)には変化しないのであろうか。1980年代にKrashenは学習した知識(learning)は習得(acquisition)には変わらないという説を述べていたが、その後、少し、変化できるという説に転じている。

白井(2008)は、12の効果的な外国語学習法をあげている。その中から3つのタイトルを引用し要約を試みた。

① **分野をしぼってインプットする**
聞いても20%も分からないような教材ではなく80%以上理解可能な教材を繰り返し聞く。

② **例文暗記の効用**
特にコンテクストのあるダイアローグの暗記が効率

的である。

③ **アウトプットは毎日・少しでも**

アウトプット(話すこと・書くこと)を少しずつでも継続して行う。話す練習をするときは、**正確さ**と**流暢さ**のバランスをとることが肝要である。

(pp.165-9)

一方、Krashen は、生徒の発話の**正確さ(accuracy)**にこだわり、教師が細く誤りを指摘すると、**affective filter** が高まり、学習者は萎縮する。意味が伝わることを重視し、誤りを度々注意するよりも、流暢さ(fluency)を重んじる指導の方が、話す力を伸ばすと主張した。

現在、「自動的に話す力」を習得する方法として注目されている説が Swain の**アウトプット仮説(The Output Hypothesis)**である。Swain の主張は、Krashen の提唱する理解可能なインプット(Comprehensible input)だけでは不十分で、アウトプットによってはじめて、意識せずに話す力などが身につくというものである。授業内でのアウトプットとしては、生徒が英語を使って話したり書いたりする練習や訓練、アクティビティやタスクが考えられる。

授業中にアウトプットの場を設けるためには、タスク中心指導法(TBLT)の応用が考えられる。TBLT そのものを授業にとりいれることは、文法シラバスが中心の授業では制約があり難しいが、task-supported のタスクの採用は可能であると考える(cf. 2.4)。task-supported タスクや活動を利用し、習った文法知識を自動的に会話できるレベルまで練習を行う方法が考案できるであろう。ただし、タスクが複雑な場合は、タスクのやり方を説明する日本語の時間が多くなる傾向があるので留意したい。

課題(2)　「英語で行う授業」のための効果的な指導法とはなにか。

課題(2)を解く鍵は、効果的な指導法について言及した本書第2章が参考となる。

第一にあげるなら、Oral MethodのOral Introductionを採用した、英語での本文の内容を導入する方法である。クラスサイズや学力差を考慮し、英語で生徒に語りかける指導法が推薦できる(cf. 2.1)。Pre-reading活動としての応用も可能と考えられる。

第二に、Audiolingual MethodのPattern Practice(文型練習)があげられる。文型練習により、限られた授業時間内で教師も生徒も大いに英語を発することができる。キーセンテンスを繰り返し練習することにより、意識せずに話せるレベルにまでに到達することは可能であろうか。注意点として言えることは、単調にならないように工夫することで、生徒が口だけ動かして、ほかのことを考えているような状況が生まれないようにすることである。

第三は、CLTにみられる、実社会や現実の日常生活を教材としたinformation gapなどのcommunication activityである。機械的なドリルではなく意味を伝えるアクティビティやタスクの活用は、ペアワークやグループワークの採用で、教師も生徒も英語を使う時間を飛躍的に増やせると推察され、関連する授業研究事例が多数発表されている。

本書は、英語科教育を学ぶ教育実習生や大学生が各自の言語習得観、英語教授法、英語教育学を構築するための入口としてのキーワード事典のような役割をになうことをめざし、編纂したものである。本書で述べた提案は、筆者自らが授業において悪戦苦闘してきた経験から生まれている。日々の授業で格闘されている先生方がいれば、課題解決の糸口や実践への参考資料として利用いただけたらと思う。

本書の出版にあたっては、リーベル出版の串原徹哉氏に大変お世話になり、感謝申しあげたい。

本書で紹介した第二言語習得論の仮説や英語教授法の基礎理論を読んだ読者が将来の研究課題を見つけ、クラスルーム・リサーチや実践研究へとつながっていくのではないかと期待する。さらに、読者が各々、自身と相性の良い教授方法を発見することにより、少しでも英語で行う授業の活性化につながるなら、望外の喜びである。

平成 30 年 3 月 26 日

渡部　祥子

# 参考文献

青木昭六（編著）（2002）『新しい英語科教育法 ―理論と実践のインターフェイス』現代教育社
青木昭六（編）（2012）『英語科教育のフロンティア』保育出版社
井ノ森高詩（2012）「第 2 章「英語で授業」の考え方」金谷憲（編）『英語授業ハンドブック 高校編』大修館書店
和泉伸一（2009）『「フォーカス・オン・フォーム」を取り入れた新しい英語教育』大修館書店
和泉伸一（2016a）『フォーカス・オン・フォームと CLIL の英語授業』アルク
和泉伸一（2016b）『第 2 言語習得と母語習得から「言葉の学び」を考える』アルク
伊藤健三（1978）「オーラル・メッソド」小川芳男（編）（1978）『英語教授法各論』研究社出版 pp.22-45.
伊村元道（1997）『パーマーと日本の英語教育』大修館書店
卯城祐司（編）（2014）『英語で教える英文法』研究社
大関浩美（編著）（2015）『フィードバック研究への招待』くろしお出版
金谷憲（編）（2009）『英語授業ハンドブック』大修館書
金谷憲、阿野幸一、久保野雅史、高山芳樹（編）（2012）『英語授業ハンドブック 高校編』大修館書店
小池生夫、寺内正典、木下耕児、成田真澄（編）（2004）『第二言語習得研究の現在』大修館書店
小池生夫（2013）「Q1 CEFR ができた歴史的背景とは？」投野由紀夫（編）（2013）pp.4-12
財団法人語学教育研究所（編）（1955）『パーマー選集第 2 巻 理論篇 2』本の友社
財団法人語学教育研究所（編）（1955）『パーマー選集 第 4 巻 技術篇 2』本の友社
白井泰弘（2008）『外国語学習の科学』岩波新書
白畑知彦、冨田祐一、村野井仁、若林茂明（2009）『改訂版 英語

教育用語辞典』大修館書店
JACET 教育問題研究会(編)(2001)『英語科教育の基礎と実践 改訂版』三修社
杉田由仁(2016)『「英語で英語を教える」授業ハンドブック』南雲堂
鈴木渉 編(2017)『実践例で学ぶ第二言語習得研究に基づく英語指導』大修館書店
大学英語教育学会(編)(1999)『[英語教育のための文学]案内事典』彩流社
高島英幸(編)(2000)『実践的コミュニケーション能力のための英語のタスク活動と文法指導』大修館書店
高島英幸(編)(2005)『文法項目別 英語のタスク活動とタスク』大修館書店
高島英幸(2011)『英文法導入のための「フォーカス・オン・フォーム」アプローチ』大修館書店
田崎清忠(編)(2000)『現代英語教授法総覧』三版 大修館書店
田中武夫、島田勝正、紺渡弘幸(編)(2011)『推論発問を取り入れた英語リーディング指導』三省堂
田中武夫、田中知聡(2014)『英語教師のための文法指導デザイン』大修館書店
投野由紀夫(編)(2013)『CAN-DO リスト作成・活用 英語到達度指標 CEFR-J ガイドブック』大修館書店
名部井敏代(2015)「第２章　ヴァーバル・インタラクションと訂正フィードバック」大関浩美(編著)『フィードバック研究への招待』くろしお出版
日本放送協会(編)(1973)『発想別英語会話教授法』日本放送出版協会
パーマー、ハロルド、イー（著)長沼直兄(訳)(1929)『英語の六週間』開拓社.（*The First Six Weeks of English* 『パーマー選集 第４巻 技術篇２』）
ハイムズ、デル(著)唐津教光(訳)(1979)『ことばの民族誌』紀伊國屋書店[Hymes, D. (1974). *Foundations in Sociolinguistics: An Ethnographic Approach*. London: Tavistock

Publications.]
平泉涉、渡部昇一(1995)『英語教育大論争』文藝春秋
松村幹男(監修)青木昭六(編)(1996)『英語科教育の理論と実践』現代教育社
村野井仁(2006)『第二言語習得研究から見た効果的な英語学中法・指導法』大修館書店
望月正道、相澤一美、笠原究、林幸伸(2016)『英語で教える英語の授業―その進め方・考え方』大修館書店
文部科学省(2012)「資料 7-1「CEFR-J とは」投野由紀夫(東京外国語大学)外国語教育における「CAN-DO リスト」の形での 学習到達目標設定に関する検討会議」http://www.mext.go.jp/b_menu/shingi/chousa/shotou/092/shiryo/__icsFiles/afieldfile/2012/09/24/1325972_2_1.pdf (2017 年 11 月 1 日アクセス)
文部科学省初等中等教育局(2013)「各中・高等学校の外国語教育における「CAN-DO リスト」の形での学習到達目標設定のための手引き」http://www.mext.go.jp/a_menu/kokusai/gaikokugo/__icsFiles/afieldfile/2013/05/08/1332306_4.pdf (2017 年 11 月 1 日アクセス)
吉田研作、金子朝子(監修)石渡一秀、グレッグ・ハイズマンズ(2011)『現場で使える教室英語』三修社
渡部良典、池田真、和泉伸一(2011)『CLIL(内容言語統合型学習)上智大学外国語教育の新たなる挑戦 第 1 巻 原理と方法』上智大学出版
渡部祥子(2002)「5 章 学習者の特性 1 節 言語習得観と学習者観 2 節 認知適要因」青木昭六(編)(2002)『新しい英語科教育法』現代教育社 pp.68-72
渡部祥子(2017)『英語で授業・事例集』パブフル

Dewaele, J., Housen, A. & Wei, L. (Eds.) (2003). *Bilingualism: Beyond Basic Principles*. Multilingual Matters Ltd.
Beebe, L. (Ed.) (1988). *Issues in Second Language Acquisition: Multiple Perspectives*. Newbury House Publishers.

[島岡丘(監修)卯城祐司、佐久間康之(訳)(1998)『第二言語習得の研究—5つの視点から』大修館書店]
Bialystok, E. (1978). A theoretical model of second language learning. *Language Learning 28*, 69-83.
Brown, H. D. (2000). Principles of Language Learning and Teaching (4th ed.). NY: Adison Wesley Longman.
Brown, H. D. (2007). Principles of Language Learning and Teaching (5th Ed.). White Plains, NY: Pearson Education.
Brown, H. D. (2014). Principles of Language Learning and Teaching (6th ed.). NY: Pearson Education.
Brumfit, C. & Johnson, K. (1979). *The Communicative Approach to Language Teaching*. Oxford: Oxford University Press.
Brumfit, C. (1981) Teaching the 'general' student. In J. Johnson & K. Morrow (Eds.), *Communication in the Classroom*. (pp.46-51). Oxford: Oxford University Press.
Brumfit, C. & Carter, R. (Eds.)(1986). *Literature and Language Teaching*. Oxford: Oxford University Press.
Bygate, M., Skehan, P., & Swain, M. (Eds.)(2001). *Researching Pedagogic Tasks Second Language Learning, Teaching and Testing*. Harlow, U.K.: Longman.
Carter, R. & Long, M. N. (1987). *The Web of Words: Exploring literature through language*. Cambridge: Cambridge University Press.
Carter, R. & Long, M. N. (1991). *Teaching Literature*. Harlow, Essex: Longman.
Celce-Murcia, M. (Ed.)(2001). *Teaching English as a Second or Foreign Language, Third Edition*. Heinle & Heinle Publishers.
Chaudron, C. (1988). *Second Language Classroom*. Cambridge: Cambridge University Press. [田中春美、吉岡薫(共訳)(2006)『第2言語クラスルーム』リーベル出版]
Collie, S & Slater, S. (1987). *Literature in the Language*

*Classroom*. Cambridge: Cambridge University Press.
Collie, S & Slater, S. (1993). *Short Stories*. Cambridge: Cambridge University Press.
Cook, V. & Singleton, D. (2014) *Key Topics in Second Language Acquisition*. Multilingual Matters.
Council of Europe (2001). *The Common European Framework of Reference for Languages: Learning, Teaching, Assessment.* https://rm.coe.int/1680459f97 (参照 2017-10-15)
Coyle, D., Hood, P. & Marsh, D. (2010). CLIL: *Content and Language Integrated Learning*. Cambridge: Cambridge University Press.
Doughty, C. & Williams, J. (Eds.). (1998). *Focus on Form in Classroom Second Language Acquisition*. Cambridge: Cambridge University Press.
Edwards, C. & Willis, J. (eds.) (2005) *Teachers Exploring Tasks in English Language Teaching*. Palgrave Macmillan.
Ellis, R. (1985). *Understanding Second Language Acquisition*. Oxford: Oxford University Press. [牧野高吉(訳)(1988)『第 2 言語習得の基礎』ニューカレントインターナショナル]
Ellis, R. (1994) *The Study of Second Language Acquisition*. Oxford: Oxford University Press. [金子朝子(訳)(1996)『第二言語習得序説—学習者言語の研究—』研究社]
Ellis, R. (1997) *Second Language Acquisition*. Oxford University Press. [牧野高吉(訳)(2003)『第 2 言語習得のメカニズム』筑摩書房]
Ellis, R. (2003) *Task-Based Language Learning and Teaching*. Oxford: Oxford University Press.
Ellis, R. (2012). *Language Teaching Research & Language Pedagogy*. Chichester, West Sussex, UK: Wiley-Blackwell.
Ellis, R. & Shintani, N. (2014). *Exploring Language Pedagogy through Second Language Acquisition Research*. New York: Routledge.

Finocchiaro, M. & Brumfit C. (1983). *The Functional-Notional Approach From Theory to practice*. Oxford: Oxford University Press. [織田稔、萬戸克憲(訳)(1987)『言語活動中心の英語教授法』大修館書店]

Fries, C. (1954). *Teaching and Learning English as a Foreign Language*. University of Michigan. [太田朗(訳)(1957)『外国語としての英語の教授と学習』研究社]

Gass,S. (2017)*Input, Interaction, and the Second Language Learner*. (2nd ed). New York: Routledge.

Hemingway, E. (1939) *Cat in the Rain. In The First Forty-Nine Stories*. Hemingway Foreign Rights Trust. Arrow Books (2004).

Hinkel, E. (Ed.). (2005) *Handbook of Research in Second Language Teaching and Learning*. New York: Routledge.

Howatt, A. (1984). *A History of English Language Teaching*. Oxford: Oxford University Press.

Howatt, A. with Widdowson, H. (2004). *A History of English Language Teaching* (2nd ed.). Oxford: Oxford University Press.

Hummel, K. (2014). *Introducing Second Language Acquisition*. Chichester, West Sussex: Wiley Blackwell.

Hymes, D. (1971)'On communicative competence.' Extensive extracts. In C. Brumfit & K. Johnson (eds.) (1979) *The Communicative Approach to Language Teaching* (pp.5-26). Oxford: Oxford University Press.

Johnson, J., & Morrow, K. (Eds.). (1981)*Communication in the Classroom*. Harlow, Essex: Longman. [小笠原八重(訳)(1984)『コミュニカティブ・アプローチと英語教育』桐原書店]

Johnson, K., & Johnson, H. (1998). *Encyclopedic Dictionary of Applied Linguistics*. Oxford: Blackwell Publishers. [岡秀夫(監訳)(1999)『外国語教育学大辞典』大修館書店]

Krashen, S. (1981). *Second Language Acquisition and*

*Second Language Learning*. Pergamon Press.
Krashen, S. (1987). *Principles and Practice in Second Language Acquisition*. Prentice-Hall International.
Krashen, S. & Terrell, T. (1983). *The Natural Approach: Language Acquisition in the Classroom*. The Alemany Press/Pergamon Press. [藤森和子(訳)(1990)『ナチュラル・アプローチのすすめ(英語指導法叢書)』大修館書店]
Larsen-Freeman, D. (1986) *Techniques and Principles in Language Teaching*. Oxford: Oxford University Press. [山崎 真稔、高橋 貞雄(訳)(1990)『外国語の教え方』玉川大学出版部]
Larsen-Freeman, D. & Anderson, M. (2011) *Techniques& Principles in Language Teaching* (3rd ed.). Oxford: Oxford University Press
Lightbown, P. & Spada, N. (2013). *How Languages are Learned* (4rth ed.). Oxford: Oxford University Press. [白井恭弘、岡田雅子(訳)(2014)『言語はどのように学ばれるか』岩波書店]
Loewen, S. (2015). *Instructed Second Language Acquisition*. New York, NY: Routledge.
Long, M. H. (1988). Instructed Interlanguage Development. In Beebe, L. (Ed.), *Issues in Second Language Acquisition*. (pp.115-141). Newbury House Publishers.
Long, M. H. (1991) Focus on Form: A design feature in language teaching methodology. In K. Kramsch & R. Ginsberb (Eds.), *Foreign Language Research in Cross-Cultural Perspective*. (pp.39-52). Amsterdam: John Benjamins.
Long, M. H. (1998). Focus on form: Theory, research, and practice. In C. Doughty & J. Williams (Eds.), *Focus on Form in Classroom Second Language Acquisition*. (pp. 15-41). Cambridge: Cambridge University Press.
Long, M. H. (2007). *Problems in SLA*. Mahwah, New

Jersey: Laurence Erybaum Associates, Publishers.

Long, M.H. (2015). *Second Language Acquisition and Task-Based Language Teaching*. West Sussex: Wiley Blackwell.

Long, M. H. & C. Doughty (Eds.). (2011). *The Handbook of Language Teaching*. Wiley-Blackwell.

Lyster, R. & Ranta, L. (1997). Corrective feedback and learner uptake: negotiation of form in communicative classroom. *Studies in Second Language Acquisition* 19: 37-66.

Lyster, R. (2018). *Content-Based Language Teaching*. New York, NY: Routledge.

Mackey, A. & Gass, S. (2005). *Second Language Research: methodology and design*. Mahwah, New Jersey: Lawrence Erlbaum Associates, Publishers.

Mackey, A. (2012). *Input, Interaction, and Corrective Feedback in L2 Learning*. Oxford: Oxford University Press.

Maley A. & Moulding, S. (1985). *Poem into Poem: Reading and writing poems with students of English*. Cambridge: Cambridge University Press.

Mackey, R. & Mountford, A. (1978). *English for Specific Purposes*. Longman.

McLaughlin, B. (1987). *Theories of Second- Language Learning*. London: Edward Arnold.

Newmark, L. (1966) How Not to Interfere with Language Learning. In C. Brumfit & K. Johnson (Eds.) (1979) *The Communicative Approach to Language Teaching* (pp.160-166). Oxford: Oxford University Press.

Nunan, David. 2004. *Task-Based Language Teaching*. Cambridge: Cambridge University Press.

Palmer, H. (1917). *The Scientific Study and Teaching of Languages*. George G. Harrap & Co. Ltd. (Issued in 1968

by Oxford University Press).
Palmer, H. (1921). *The Principles Of Language Study*. New York: World Book Company (Reprint by Kessinger Publishing)
Palmer, H. (1922). *The Oral Method of Teaching Languages*. W. Heffer & Sons LTD. (Reprint by Bibliolife)
Richards, J. & Rodgers, T. (2001). *Approaches and Methods in Language Teaching*. (2nd Ed.). Cambridge: Cambridge University Press.
[日本語訳]『アプローチ＆メソッド 世界の言語教授・指導法』高見沢孟(監訳)(2007/10)東京書籍
Richards, J. & Rodgers, T. (2014). *Approaches and Methods in Language Teaching* (3rd Ed.). Cambridge University Press.
Richards, J (2015). *Key Issues in Language Teaching*. Cambridge: Cambridge University Press.
Longman.
Rivers, W. (1983) *Communication Naturally in a Second Language*. Cambridge: Cambridge
Robinson, P. (2011) *Task-Based Learning*. Wiley-Blackwell.
Savignon, S. (1993). *A Communicative Competence: Theory and Classroom Practice*. Addison-Wesley Publishing Company.
Skehan, P. (1998). *A Cognitive Approach to Language Learning*. Oxford: Oxford University Press.
Skinner, B. (1957) *Verbal Behavior*. Prentice-Hall. (2015 Reprint by Martino Publishing.)
Shehadeh, A. (2005).Task-based Language Learning and Teaching: Theories and Applications. In Edwards, C. & Willis, J. (Eds.)*Teachers Exploring Tasks in English Language Teaching*. pp. 13-30.
Snow, M. (2001).Content-Based and Immersion Models for Second and Foreign Language Teaching. In Celce-

Murcia, M. (Ed.)(2001). *Teaching English as a Second or Foreign Language, Third Edition*. (pp.303-18). Heinle & Heinle Publishers.

Stern, H. (1983). *Fundamental Concepts of Language Teaching*. Oxford: Oxford University Press.

Stern, H. (1992). *Issues and Options in Language Teaching*. Oxford: Oxford University Press.

Swain, M. (2005). The Output Hypothesis: Theory and Research. In Hinkel, E. (Ed.). (2005)*Handbook of Research in Second Language Teaching and Learning*, pp. 471-83.

Van den Branden, K. (Ed). (2006). *Task-Based Language Education*. Cambridge: Cambridge University Press.

Van Ek, J. (1976). *The Threshold Level for Modern Language Learning in Schools*. Council of Europe. Longman.

Van Ek, J. & Alexander. L. (1980) *Threshold Level* Council of Europe (1975). Prergamon Press.

Van Ek, J. & Trim, J. (1991) *Threshold Level 1990*. Council of Europe. Cambridge: Cambridge University Press. [米山朝二、松沢伸二(訳)(1998)『新しい英語教育への指針 中級学習者レベル <指導要領> 大修館書店』]

Wilkins, D. (1976). *Notional Syllabuses*. Oxford: Oxford University Press. [島岡丘(訳注)(1984)『ノーショナル シラバス』桐原書店]

Willis, D. & Willis, J. (2007). *Doing Task-based Teaching*. Oxford: Oxford University Press

Wills, J. (1996). *A Framework for Task-Based Learning*. Addison Wesley Longman. [青木昭六(監訳)(2003)『タスクが開く新しい英語教育』開隆堂]

# 索 引

## あ


アウトプット(output) 13, 20-2
アウトプット仮説
(Output Hypothesis) 20-2, 75
アクション・リサーチ
(action research) 68
足場掛け(scaffolding) 67
暗示的(implicit) 14-5
暗示的知識
(implicit knowledge) 14-5, 74
意味交渉(negotiation for / of meaning) 18-9, 47, 66
イマージョン(Immersion) 20, 57, 65
インターフェイス仮説
(Interface Hypothesis) 12
インタラクション / 相互交流
(interaction) 5, 6, 18-9, 66
インタラクション仮説
(Interaction Hypothesis) 18-9
インテイク(intake) 13
インプット(input) 9, 13, 52
インプット仮説
(Input Hypothesis) 9-10
オーセンティック(authentic) 42
応用言語学(applied linguistics) 39


## か


概念(notion) 35-6
概念シラバス
(notional syllabus) 59
確認チェック
(confirmation check) 64
化石化(fossilization) 65
仮説検証(hypothesis testing) 21
感情フィルター
(affective filter) 11, 75
気づき(noticing) 13-4, 19, 21, 52
機能(function) 21, 35-6
機能言語学
(Functional Linguistics) 39
機能シラバス
(functional syllabus) 41
強化(reinforcement) 3, 4
繰り返し(repetition) 55-6
形態素の習得順序の研究
(morpheme studies) 1
言語習得装置(LAD) 5, 10
構成主義的(constructivist) 8
構造言語学
(structural linguistics) 30
行動主義的言語習得観
(behaviorist position) 3, 5
行動主義心理学
(behaviorist psychology) 30


## さ


再構築(restructuring) 48, 67
刺激(stimulus) 3, 4
自然な習得順序(natural order)

10
自動化(automaticity)
16-7, 48, 74
自動的プロセス
(automatic processing)　16
社会言語学(Sociolinguistics)　39
社会構成主義的
(social constructivist)　18
習慣形成(Habit Formation)　31
修正されたインタラクション
(modified interaction)　18
習得(acquisition)　9-10, 12
成果(outcome)　44, 46
生得的(innatist)　4, 5, 6, 8, 9
生得的言語習得観
(innatist position)　4, 5
宣言的知識　73-4
相互交流的言語習得観
(Interaction position)　5

## た、な

タスク(task)　42-8
タスク中心指導法(TBLT)
42-8, 75
単元制(unit credit system)　34
中間言語(interlanguage)
14, 21, 65
訂正 / 修正フィードバック
(corrective feedback)
19, 55-6
手続き的知識　73-4
統制的プロセス
(controlled processing)　16
内容中心教授法(CBI)　23, 53-7
内容言語統合型学習(CLIL)
23, 53-7
ニーズ分析(needs analysis)　45
認知的(cognitive)　8, 13
ノン・インターフェイス
(Non-interface Hypothesis)
12

## は

発達論的(developmental)　5
発話行為理論(Speech Act)　39
反応(response)　3, 4
否定フィードバク
(negative feedback)　19
フィードバク(feedback)　64
フォーカス・オン・フォーム
(focus on form)　49-52
複言語主義(plurilingualism)　59
普遍文法(UG)　4, 5
プロンプト(prompt)　66
文型練習(pattern practice)
30-1, 76
ベルリッツ・メソッド
(Berlitz Method)　23
母語(mother tongue)　3

## ま

明確化要求
(clarification request)
55-6, 64
明示的(explicit)　14-5
明示的知識
(explicit knowledge)
14-5, 75
明示的訂正
(explicit correction)　55-6
メタ言語的(metalinguistic)　21
メタ言語的修正

（metalinguistic feedback）56
モニター（monitor） 9, 11, 74
モニター・モデル
（The Monitor Model） 9

U 字型発達
（U-shaped development）67
養育者（caretaker） 5
ヨーロッパ評議会
（The Council of Europe）
34-5, 59
理解可能なインプット
（comprehensible input）
9-10, 18,47
理解チェック
（comprehension check） 64
リキャスト（recast） 52, 55-6

# Index

※太字：人名

［著者略歴］

渡部　祥子（わたなべ・さちこ）

目白大学外国語学部英米語学科 教授。同大学院言語文化研究科英語・英語教育専攻教授。

筑波大学人文学類卒。東京都葛飾区立中学校教諭、筑波大学附属高等学校教諭他を経て現職。

British Council 奨学金（full fellowship）にてロンドン大学教育学専門大学院 Institute of Education に留学、Diploma in the Teaching of English to Speakers of Other Languages 取得（1985年）。

コロンビア大学大学院 Teachers College（MA）。英語教授法修士（Master of Arts with a major in the Teaching of English to Speakers of Other Languages）。

**主な著作：**

『英語科教育のフロンティア』共著（2012年 保育出版社）、『英語で授業・事例集』（2017年 パブフル）他

キーワードでわかる英語科教育学
――第二言語習得から英語教授法まで

2018年3月26日　初版第1刷発行

著　者　渡部祥子
発行者　串原徹哉
発行所　リーベル出版（Liber Press）
〒173-0005　東京都板橋区仲宿15-1
［販売］☎03-3961-0020／［編集］☎03-3961-0065
Fax 03-3961-0166／http://www.liber-press.net/
印刷所　日本ハイコム株式会社



ISBN978-4-89798-682-1